고전에서 찾은
부의 비결

고전에서 찾은 부의 비결

초판 1쇄 발행 2025년 12월 1일

지은이 위전환
펴낸이 장길수
펴낸곳 지식과감성#
출판등록 제2012-000081호

교정 이주연
디자인 김희영
편집 김희영
검수 한장희, 이현
마케팅 김윤길

주소 서울시 금천구 벚꽃로298 대륭포스트타워6차 1212호
전화 070-4651-3730~4
팩스 070-4325-7006
이메일 ksbookup@naver.com
홈페이지 www.knsbookup.com

ISBN 979-11-392-2947-9(03100)
값 17,800원

- 이 책의 판권은 지은이에게 있습니다.
- 이 책 내용의 전부 또는 일부를 재사용하려면 반드시 지은이의 서면 동의를 받아야 합니다.
- 잘못된 책은 구입하신 곳에서 바꾸어 드립니다.

지식과감성#
홈페이지 바로가기

고전에서 찾은
부의 비결

위전환 지음

저자의 말

고전에게 부의 길을 묻다

"당신은 부자가 되고 싶은가?"

지금 서점에 나가보라. '가장 빠르게 부자가 되는 법', '1년 만에 경제적 자유 달성' 같은 제목들이 당신을 유혹할 것이다. 우리는 늘 최신의 투자 트렌드와 기술적 성공 비법에 목말라 한다. 하지만 잠시 멈춰 서서 질문해 보라. 인류 역사상 가장 위대한 천재들, 시대를 뒤흔든 사상가들, 그리고 파란만장한 삶을 산 이야기 속 영웅들은 '돈'에 대해 과연 뭐라고 말했는가? 우리가 부를 축적하는 가장 근본적이고도 영속적인 비결은 오히려 수백 년 된 고전 속에 숨어 있지 않을까?

이 책은 바로 그 질문에서 출발했다.

나는 동양의 역사책 『사기(史記)』를 쓴 사마천부터, 서양에서 가장 철저한 자기 계발의 화신이었던 벤저민 프랭클린까지, 시간을 거슬러 올라가 그들이 부를 이룬 비결을 살펴봤다. 조선 시대의 거상 임상옥이 '계영배'를 통해 재물을 물처럼 다스리는 법을 배울 때, 지구 반대편의 소로는 텅 빈 호숫가 오두막에서 '자발적 빈곤'이야말로 가장 위대한 부라고 선언했다.

놀라운 것은, 그들의 가르침이 서로 모순적이라는 점이다.

"낭비부터 멈춰라!" vs. "시간을 돈으로 바꿔라!", "재능과 통찰력으로 비정상적 독점을 해라!" vs. "부정한 재물은 결국 파멸을 부른다!", "싸우지 않고 이겨라!" vs. "사람을 얻어 재물을 흘려보내라!"

어떤 이에게 부는 탐욕 때문에 가족을 파멸시키는 광인이었고, 어떤 이에게 부는 부당한 권력을 응징하고 백성에게 재물을 되돌려주는 의적이었다. 어떤 이는 돈으로 인간성을 사고팔 수 있다고 믿었지만, 어떤 이는 돈보다 자유로운 시간이 가장 값진 부라고 믿었다.

이 책은 당신에게 단 하나의 정답을 제시하지 않는다. 대신, 시대를 초월하여 가장 지혜로웠던 인물들이 제시한 10가지 이상의 '부의 비결' 매뉴얼을 제공한다.

당신이 만날 이 고전 속의 부자들은 당신의 삶과 가치관을 뒤흔들 것이다. 과연 당신에게 진정한 '부'란 무엇이며, 당신은 어떤 길을 선택할 것인가? 이제 페이지를 넘겨, 당신의 영혼을 위한 '부의 비결'을 만나보라. 돈보다 더 큰 가치와, 물질보다 더 영속적인 부를 말이다.

차 례

저자의 말 · 4

CHAPTER 1
실용적 축재와 경영의 원칙

부는 하늘이 아닌 '인간의 본성'이 만든다 · 15

현금, 땅, 현물로 부를 지켜라 · 19

돈은 거름과 같다 · 23

얄팍한 지갑을 채우는 바빌론의 세 가지 비밀 · 27

여불위의 '부와 권력의 경영론' · 31

시간이 곧 황금이다 · 35

최고의 '부의 비결' · 39

망건 독점으로 벼락부자 된 선비 · 45

도둑놈이 되느니 차라리 천민으로 살겠다 · 49

애덤 스미스의 '부자의 비결' · 53

고래기름이냐, 금화냐 · 57

인색함이 최고의 미덕 · 61

옥쟁반의 안주는 만백성의 기름이다 · 67

CHAPTER 2

윤리적 부의 철학

부(富)를 대하는 자세 · 73

백성의 마음을 얻는 부(富) · 77

창고를 짓지 말고 복을 쌓아라 · 81

현세의 재물로 영원의 복을 얻다 · 85

'명품백'이 아닌 '시선'을 위해 일하라 · 89

돈을 불태워 '사람'을 얻다 · 93

돈을 '잘 쓰는 것'이 진짜 부의 비결이다 · 97

장사는 돈을 남기는 것이 아니라 사람을 남기는 것이다 · 103

흙 속에 묻은 영혼 · 107

돈만으로 '품위'를 살 수 없다 · 111

3만 냥을 부르는 '보는 눈' · 115

여성들이 '부자 되는 법' · 119

베버가 발견한 '부자들의 종교 코드' · 123

영혼을 팔아 '부자 되는 법' · 127

악재란 사회에 병폐와 죽음을 가져오는 재산이다 · 131

CHAPTER 3

정신적 자유와 자족의 원칙

소유를 넘어, '나눔의 순환'으로 얻는 영원한 풍요 · 137

속박을 벗어난 자유, 장자(莊子)의 정신적 부자론 · 141

연봉 1억보다 '시간의 자유'를 선택하라 · 145

승상이 되어 보니, 꿈이더라 · 149

부자가 되는 가장 '비현실적'이고 위대한 방법 · 153

황금은 신인가, 악마인가 · 159

'따라!' 그 순간, 내 것이 된다 · 163

CHAPTER 4

국가와 공동체의 시스템 원칙

인의(仁義)를 버리고 법(法)을 취하라 · 169

돈을 버는 대신 '낭비를 멈춰라' · 173

나라를 구해야 부자가 된다 · 177

'금지된 금화'와 '중용의 부'를 논하다 · 181

돈을 만들고, 투명하게 기록하라 · 185

CHAPTER 5
탐욕과 물질만능주의에 대한 경계

부자들의 '마법 공식'을 해부하다 · 191

나는 이제 가장 행복한 사람이야 · 195

부(富)만으로는 사랑을 살 수 없다 · 199

파리에서는 양심이 사치다 · 203

3천 루블의 저주 · 207

금화 궤짝에 영혼을 저당 잡히다 · 211

몸값을 팔아 아버지 옥바라지를 하다 · 215

1파운드의 살점 · 219

'둔갑술'로 훔친 재물 · 223

'낭비꾼 작은 새'의 반란, 돈과 여성의 비극 · 227

돈은 영혼을 구원할 수 있는가? · 231

'부(富)'는 환상이었다 · 235

죄악 위에 수놓은 황금 · 239

CHAPTER 1

실용적 축재와 경영의 원칙

사마천의 『사기』

사마천의 『사기』, 「화식열전(貨殖列傳)」에 부자 되는 법에 대한 기록이 있다. '화식'은 재물을 불린다는 뜻이며, 여기에는 당시 천시되던 상업으로 큰 성공을 거둔 인물들의 이야기와 사마천의 경제 철학을 담고 있다.

- **부를 이루는 비결은 탐욕이 아닌 지혜와 능력으로 획득하고, 그 운용에 순리와 인의를 담는 것이다.**

01

부는 하늘이 아닌 '인간의 본성'이 만든다

고대 중국의 철학이 주로 도덕과 정치적 이상을 논할 때, 사마천(司馬遷)은 『사기(史記)』의 「화식열전(貨殖列傳)」을 통해 천시되던 상인들의 삶과 그들의 성공 원리를 기록하며 역사의 새로운 영역을 개척했다. '화식(貨殖)'은 재물을 불린다는 뜻으로, 사마천은 부를 추구하는 행위야말로 인간의 본성이자, 세상을 움직이는 가장 강력한 동력이라고 선언한다.

사마천의 경제 철학은 실로 현실적이었다. 그는 "부(富)는 사람의 본성이라, 배우지 않아도 누구나 바라는 것이다"라며 인간의 자연스러운 욕구를 긍정했다. 더 나아가, 제나라 재상 관중의 말을 인용하여 "창고가 차야 예절을 알고, 의식이 족해야 영예와 치욕을 안다"라고 강조했다. 이는 국가나 개인의 도덕적, 사회적 안정이 경제적 풍요라는 단단한 기반 위에 서 있음을 명확히 밝힌 것이다.

그에게 재물은 멈춰있는 고정물이 아니라, 흐르는 물과 같았다. 돈을 가두어 두면 썩거나 정체되지만, 순리대로 시장에 흘려보내 순환시킬 때 비로소 늘어나고 증식된다. 이러한 순환의 원리를 이해한 자만이 부자가 될 수 있었다.

그렇다면 흐름을 타는 구체적인 방법은 무엇일까? 사마천은 부를 이루는 핵심 원칙으로 **'타이밍'과 '과감한 추진력'**을 꼽았다. 바로 **"남들이 버리면 나는 취하고(人棄我取), 남들이 취하면 나는 버린다(人取我與)"**라는 역발상의 원칙이다. 모두가 팔 때 사고, 모두가 살 때 파는 이 역행의 지혜는 때를 기다리는 인내와 결정적인 순간에 반대로 행동하는 냉철한 결단력을 요구한다. 마치 독수리가 먹이를 발견하고 망설임 없이 급강하하듯, 기회가 왔을 때 과감하게 실행하는 자만이 큰 이익을 얻는다.

또한, 부는 직업이 아니라 능력 있는 사람에게 모인다. 사마천은 **"빈부(貧富)는 그 사람의 재능 여하에 달린 것이다"**라고 단언하며, 재물을 축적하는 데 정해진 직업은 없음을 강조했다. 특히 부자는 모든 일을 혼자 할 수 없기에, **"돈을 잘 버는 이는 사람을 적절하게 뽑아서 때를 타게 만든다"**라는 말처럼 인재를 알아보는 통찰력과 활용하는 인사(人事) 능력이 부의 규모를 결정한다고 보았다.

 이 모든 원리를 극한으로 실천한 인물이 바로 월나라 재상에서 상인이 된 도주공(陶朱公) 범려다. 그는 상업으로 천금의 큰 부를 이루었으나, 그 재산을 세 번이나 가난한 사람들에게 모두 나누어 주고 다시 처음부터 시작하여 또다시 부를 쌓았다. 범려의 이 '세 번 모으고 세 번 나누는(三聚三散)' 일화는 그가 재물의 노예가 된 것이 아니라, 재물을 다스리는 원리를 완전히 꿰뚫어 보았음을 증명한다.

 사마천의 「화식열전」은 부를 탐욕이 아닌 지혜와 능력으로 획득하고, 그 운용에 순리와 인의를 담아야 한다는 실용적이면서도 도덕적인 부자들의 삶의 태도를 후대에 전하고 있다.

탈무드

탈무드는 유대인의 삶의 지침서이자 지혜의 보고로, '부의 비결'을 단순한 재산 축적보다는 지혜, 윤리적 행동, 그리고 현명한 재물 관리의 측면에서 강조한다.

- 부의 법칙은 일확천금의 요행을 경계하고, 분산된 관리, 철저한 윤리, 그리고 나눔의 의무라는 세 가지 축을 통해 재산을 안정적으로 불리고 그 가치까지 높이는 실천적인 지혜다.

02

현금, 땅, 현물로 부를 지켜라

탈무드(Talmud)는 유대인의 삶과 지혜를 담은 방대한 보고서로, '부자 되는 법'을 단순한 기술이 아닌 지혜로운 관리, 윤리적 행동, 그리고 철저한 분산의 원칙에서 찾는다. 탈무드에게 부(富)란 단순히 재산을 쌓는 행위를 넘어, 하나님이 주신 축복을 현명하게 불리고 공정하게 나누는 생활 철학이다.

- 분산 투자를 통해 재물을 보호하고 증식시켜라

랍비 이삭의 조언은 오늘날에도 유효한 금융 전략의 원조로 평가받는다. **"가진 돈의 3분의 1은 땅(부동산), 3분의 1은 현물(사업/상품), 그리고 나머지 3분의 1은 현금으로 손에 쥐고 있어야 한다"**라는 가르침은 위험을 회피하고 유동성을 확보하는 동시에, 땅이라는 안정적인 자산과 사업을 통한 수익 창출의 균형을 맞추는 재물 관리의 정수를 보여준다. 여기에 근면한 노동의 가치(헛된 것을 좇지 않고 땅을 가는 행위)가 부의 기반임을 덧붙인다.

- 정직과 신용은 부자론의 가장 큰 자본이다

유대 상인의 성공은 고도의 상술이 아닌, 신뢰를 바탕으로 한 윤리적인 상거래에서 비롯된다. "사람이 사후에 신에게 가장 먼저 받는 질문은 '정직하게 장사를 했는가?'이다"라는 가르침은 상업 활동의 윤리성을 최우선 가치로 두게 한다. 신용을 잃으면 단기적인 이익을 얻을지 몰라도 장기적으로 모든 것을 잃게 된다. 또한 금화 도난 상인 일화처럼, 돈을 지키는 가장 큰 힘은 분노나 낙심이 아닌, 현명한 사고방식과 심리적 지혜임을 강조한다.

- 부는 자선('남을 돕는 선행'을 넘어 '의무적인 정의 행위')과 기부를 통해 완성된다

탈무드에서 자선은 선택이 아닌 '정의(義, 테다카의 본래 의미)'이자 부자의 의무이다. 유대인들은 수입의 10분의 1을 기부하는 마아세르(십일조)를 실천하며, 재물을 자신만의 소유로 여기지 않고 복을 순환시키는 행위라고 믿는다. 특히 탈무드는 자선의 단계를 8가지로 나누어, 가장 숭고한 자선은 상대방이 스스로 자립할 수 있도록 일자리나 사업 자금을 지원하는 것이라고 가르친다.

 탈무드가 제시하는 부의 법칙은 일확천금의 요행을 경계하고, 분산된 관리, 철저한 윤리, 그리고 나눔의 의무라는 세 가지 축을 통해 재산을 안정적으로 불리고 그 가치까지 높이는 실천적인 지혜다. 이 지혜는 부자가 되는 법을 넘어, 부를 통해 진정한 명예와 영적인 풍요를 얻는 삶의 태도를 가르친다.

프랜시스 베이컨의 『베이컨 에세이』

프랜시스 베이컨(Francis Bacon)은 『학문의 진보/베이컨 에세이』 중 특히 '부(Of Riches)'에서 재물을 도덕이나 심리가 아닌, 냉철한 실용주의 관점에서 접근한다. 그는 부의 축적을 인간의 삶을 풍요롭게 하는 합리적 행위로 보았으며, 재물의 획득과 사용에 대한 구체적이고 현실적인 조언을 제시했다.

- 돈은 쌓아두는 것이 아니라 흩뿌려야 가치를 얻고, 급하게 모으기 보다 꾸준히 쌓아야 하며, 탐욕에 빠지면 결국 스스로 불행해진다.

03

돈은 거름과 같다

철학자 프랜시스 베이컨은 『학문의 진보/베이컨 에세이』, 특히 '부'에서 재물을 바라보는 가장 현실적이고 실용적인 시각을 제시한다. 그는 '부자의 비결'을 신성한 소명(베버)이나 착취의 비밀(마르크스)에서 찾지 않았다. 베이컨에게 돈은 감정이나 도덕의 문제가 아닌, '잘 활용해야 하는 도구'였다.

- 부의 진짜 목적, 흩뿌려야 가치를 얻는다

베이컨은 부 자체를 숭배하는 것을 경계했다. 그는 유명한 말로 부의 본질을 꿰뚫는다. **"돈은 거름과 같아서, 흩뿌려지지 않으면 아무 쓸모가 없다."** 돈을 금고에 쌓아두는 것은 무의미하며, 그 가치는 오직 선행(Good Works)과 명예로운 지출을 통해 실현될 때 발생한다.

개인의 명성을 높이고 영향력을 확대하는 가장 효과적인 방법은, 명분 있는 공적인 일이나 관대한 자선 활동에 돈을 쓰는 것이다. 베이컨에게 재산의 획득보다 현명한 지출이 더 큰 명예를 가져왔다.

- 부를 얻는 실용적 지혜, 인내심과 겸손

베이컨은 일확천금의 꿈을 버리라고 조언한다. **부를 축적하는 과정은 "시간이 흘러야 하는 일이며, 계절이 오고 가는 것과 같다"**라고 한다. 부자는 급격한 개혁이나 무리한 투기를 경계하고, 작은 이득을 놓치지 않고 끈기 있게 추구해야 한다.

성공적인 부자는 시장의 큰 변화를 좇기보다, 기존의 재산을 해치지 않으면서 점진적으로 재산을 불려 나가는 사람이다. 마치 나무를 심고 계절의 변화를 기다리듯, 인내심을 가지고 기회를 포착하고 활용하는 겸손한 축적만이 재산을 안정적으로 늘리는 유일한 길이다.

- 탐욕의 딜레마, 지옥의 수문장

베이컨은 부의 축적을 긍정했음에도 불구하고, 지나친

탐욕과 인색함의 폐해를 날카롭게 비판한다.

돈을 벌고 모으는 데는 평생을 바치지만, 정작 그 돈을 사용하는 것을 두려워하는 사람은 "마치 지옥의 수문장(Gate-keeper of Hell)"과 같다고 했다. 그는 돈을 지키는 관리자일 뿐, 그 돈의 본래 용도인 '선행'이나 '향유'를 스스로 누리지 못하는 비극적인 존재다. 더 나아가, 돈에 대한 과도한 집착은 부정직함으로 이어져 명예를 실추시키고 사회적 신뢰를 잃게 만든다. 베이컨은 장기적인 성공을 위해서는 부를 추구하더라도 반드시 윤리적 기준을 지켜야 한다고 경고했다.

베이컨이 말하는 '부의 비결'은 도덕적 훈계가 아닌, 냉철한 현실 조언이었다. 돈은 쌓아두는 것이 아니라 흩뿌려야 가치를 얻고, 급하게 모으기보다 꾸준히 쌓아야 하며, 탐욕에 빠지면 결국 스스로 불행해진다는 그의 실용주의적 통찰은 오늘날에도 가장 유효한 처세술이다.

조지 S. 클레이슨(George S. Clason)의 『바빌론 부자들의 돈 버는 지혜』

조지 S. 클레이슨(George S. Clason)의 저서 『바빌론 부자들의 돈 버는 지혜(The Richest Man in Babylon)』는 고대 바빌론을 배경으로 하여 시간을 초월한 재정 관리의 기본 원칙을 우화 형태로 제시하는 재테크 고전이다.

이 책에 나타난 '부자 되는 법'은 주로 "얄팍한 지갑을 채우는 일곱 가지 비결(Seven Cures for a Lean Purse)"과 "황금의 다섯 가지 법칙(Five Laws of Gold)"에 응축되어 있다.

- 꾸준한 절제(저축)와 현명한 지식(투자), 그리고 신중한 방어(위험관리)라는 단순하고 변치 않는 습관이야말로 진정한 부자의 길이다.

04

얇팍한 지갑을 채우는
바빌론의 세 가지 비밀

  20세기 초에 쓰였음에도 여전히 필독서로 꼽히는 조지 S. 클레이슨의 『바빌론 부자들의 돈 버는 지혜』는 고대 바빌론이라는 우화적 배경을 통해 시간을 초월한 부의 원칙을 전한다. 이 책의 가르침은 화려한 금융 기술이 아닌, 지극히 단순한 습관과 태도에 응축되어 있다. 바빌론에서 가장 부자였던 아카드(Arkad)가 제시한 '얇팍한 지갑을 채우는 비결' 중 핵심 세 가지는 오늘날에도 부를 축적하는 가장 강력한 지침이다.

- 나 자신에게 먼저 지불하라

  지갑을 불리는 첫걸음, 수입의 10분의 1을 '나 자신에게 먼저 지불하라'라는 원칙이다. 아카드는 **"열 개의 동전을 지갑에 넣을 때마다, 아홉 개만 사용하고 나머지 한

개는 너를 위해 남겨두라"라고 가르쳤다. 소득의 많고 적음에 관계없이 10분의 1을 꾸준히 저축하는 이 행위는 단순히 돈을 모으는 것을 넘어, 부자가 되겠다는 강력한 의지를 다지는 습관이다. 지갑이 불어나는 무게를 느끼는 만족감이야말로 부의 여정을 지속하게 하는 심리적 동력이 된다.

- 돈이 돈을 벌게 하라

모은 돈을 굴려 '돈이 돈을 벌게' 만들라는 투자 원칙이다. 저축으로 종잣돈을 모았다면, 다음 단계는 이 돈을 놀리지 않고 일하게 만드는 것이다. 아카드는 "**네가 모은 금이 너의 노예처럼 일하게 하라. 그 이익이 다시 일하여 또 이익을 낳게 하라**"라고 비유한다. 이는 바로 복리(Compound Interest)의 힘을 강조하는 것이다. 저축의 동전이 투자라는 자산으로 바뀌어 수익을 낳고, 그 수익이 다시 원금이 되어 눈덩이처럼 불어나는 순환이야말로 미래의 풍요를 보장하는 핵심 열쇠다.

- 재물을 굳건히 지켜라

 원금을 잃을 위험으로부터 '재물을 굳건히 지켜라'라는 리스크 관리의 중요성이다. 아카드는 젊은 시절의 투자 실패 경험을 고백하며, 지혜와 경험을 갖춘 사람의 조언에 귀 기울이고, 자신이 잘 모르는 사업이나 검증되지 않은 투자는 피해야 한다고 경고한다. **"빠르게 부자가 되려는 낭만적인 욕망에 현혹되지 마라. 위험의 대가는 손실이다."** 이 원칙은 일확천금을 노리는 투기를 경계하며, 투자의 기회를 찾는 것만큼이나 종잣돈을 보존하는 것이 얼마나 중요한가를 역설한다.

 결국 바빌론의 부자들이 말하는 돈 버는 지혜는 얄팍한 지갑을 채우기 위한 특별한 마법이 아니다. 꾸준한 절제(저축)와 현명한 지식(투자), 그리고 신중한 방어(위험관리)라는 단순하고 변치 않는 습관이야말로 수천 년의 시간을 넘어 우리를 진정한 부자의 길로 이끌 것이다.

여불위의 『여씨춘추(呂氏春秋)』

『여씨춘추(呂氏春秋)』는 진나라의 승상이었던 거상(巨商) 여불위(呂不韋)가 자신의 식객들과 학자들을 동원하여 편찬한 일종의 백과사전적 저술이다. 이 책에는 여불위의 상인적 기질과 통치 철학이 혼합되어 나타나며, 특히 경제와 관련된 실리적인 관점이 담겨 있다.

- **인재와 지식에 대한 투자야말로 부를 권력으로 변환시키고 영원히 지키는 핵심 요소이다.**

05

여불위의
'부와 권력의 경영론'

거상(巨商) 여불위(呂不韋)가 주도하여 편찬한 『여씨춘추(呂氏春秋)』는 단순한 고전 철학서를 넘어, 한 상인이 천하를 경영하는 야망과 실리적 경제관을 집대성한 '부와 권력의 경영 교본'이라 할 수 있다. 여불위에게 부(富)는 돈을 세는 행위를 넘어, 세상을 설계하고 움직이는 시스템 그 자체였다. 그의 성공적인 부자 되는 법은 세 가지 근본적인 투자 전략을 통해 실현되었다.

- 근본을 해치지 않는 지속 가능한 부를 추구하라

『여씨춘추』는 갈택이어(竭澤而漁), 즉 "**연못의 물을 모두 말려 고기를 잡으면, 고기를 얻을 수는 있으나 다음 해에는 고기가 없을 것이다**"라고 경고한다. 이 가르침은 단기적인 폭리나 자원의 고갈을 통한 이익 추구를 극도로 경계한다. 진정한 부는 일시적인 횡재가 아니라, 재화를 끊임없이 생산하고 순환시키는 지속 가능한 시스템에 대한 장기적인 안목과 윤리적 기반에서 비롯된다는 상인의 통찰이다.

- 측정할 수 없는 가치에 대한 투자, 기화가거(奇貨可居)

여불위가 조나라에 인질로 잡혀 있던 왕손 자초(子楚)를 보고 **"한 나라의 군주를 세우는 일은 이익이 헤아릴 수 없을 정도로 크다"**라고 판단한 일화는 이를 극명하게 보여준다. 그는 농사(10배)나 보석(100배) 같은 유한한 이익을 넘어, 권력이라는 무한한 잠재력에 과감하게 베팅했다. 여불위의 부는 물건의 시세차익이 아닌, 시대의 흐름과 인간의 잠재력(미래 가치)을 꿰뚫어 보고 선점 투자하는 전략적 통찰력에서 폭발적으로 증식되었다.

- 인재와 지식에 투자하라

여불위는 자신의 식객 3천 명을 동원해 『여씨춘추』라는 방대한 지식의 보고를 완성하고, 성문에 걸어놓고 일자천금(一字千金)을 내걸었다. 이는 단순히 부를 과시하는 행위가 아니었다. 자신의 막대한 재산을 지적 권위와 국가 경영의 정당성이라는 무형의 자본으로 치환하려는 고도의 전략이었다. 최고의 인재와 지식을 끌어모으는 힘, 즉 인재와 지식에 대한 투자야말로 부를 권력으로 변환시키고 영원히 지키는 핵심 요소임을 깨달은 것이다.

여불위의 부자론은 단순한 상업을 넘어섰다. 이는 지속 가능한 근본을 지키고, 미래의 잠재력에 전략적으로 투자하며, 지적 권위로 자신의 부를 완성시킨, 상업, 전략, 통치 철학이 결합된 총체적인 경영 시스템이었다고 할 수 있다.

벤저민 플랭클린의 『벤저민 프랭클린 자서전』

벤저민 플랭클린의 『벤저민 프랭클린 자서전』은 그의 성공 비결을 후대에 전하는 일종의 자기 계발서로, '부의 비결'은 주로 근면, 검소, 그리고 신용이라는 덕목을 철저히 실천하는 것으로 제시된다. 그는 이러한 덕목을 통해 자수성가하여 사업가로서 크게 성공할 수 있었다.

- "당신의 시간과 인격을 철저히 관리하라. 그러면 돈은 자연스럽게 따라올 것이다."

06

시간이 곧 황금이다

 벤저민 프랭클린의 『벤저민 프랭클린 자서전』은 단순한 회고록이 아니다. 이 책은 한 가난한 청년이 근면, 검소, 그리고 신용이라는 세 가지 덕목을 통해 미국의 거상으로 우뚝 서는 과정을 담은 가장 실용적인 '부의 비결'을 알려주는 교과서이다. 프랭클린에게 성공은 운이 아니라, 철저한 자기 관리와 실천의 결과였다.

- "시간은 돈이다", 1초도 낭비하지 마라

 프랭클린의 성공 철학 중 가장 유명한 금언은 **"시간은 돈이다(Remember that time is money)"** 라는 말이다. 이 말은 시간을 낭비하는 것이 곧 돈을 낭비하는 것과 같다는 실용주의적 교훈을 담고 있다.

 프랭클린은 일하는 시간을 최대한 활용하고, 쓸데없

는 행동을 피하며 생산적인 일에 집중해야 한다고 강조한다. 그는 시간을 마치 투자를 통해 이자(수익)를 얻는 자본처럼 다루어야 한다고 보았다. 따라서 휴식이나 유흥에 쓰는 시간은 곧 미래의 부를 포기하는 것과 같았다. 프랭클린에게 근면(Industry)은 곧 가장 강력한 부의 축적 도구였다.

- '절약하는 사람'으로 보여라

프랭클린은 사업 초기에 신용(Credit)이 부자가 되는 데 핵심이라고 판단했다. 그는 신용을 얻기 위해 실제로 절약하는 것뿐만 아니라, '절약하는 사람'으로 보이는 것을 '부의 비결'로 삼았다.

그는 일부러 수수하게 옷을 입고, 유흥을 즐기지 않았으며, 인쇄소에서 늦게까지 일하는 모습을 사람들이 볼 수 있도록 했다. 심지어 자신이 직접 구입한 종이가 담긴 손수레를 끌고 거리를 지나는 모습을 일부러 보여주기까지 했다. 이러한 행동은 은행과 대중에게 "이 사람은 성실하고 검소하여 돈을 빌려줘도 떼먹지 않을 것이다"라는 신뢰를 심어준 것이다. 프랭클린에게 신용은 곧 자본을 쉽게 빌릴 수 있는 가장 강력한 자산이자 사업 확장의 발판이 되었다.

- 돈을 버는 기술 이전에 인격 수양이 먼저다

프랭클린은 개인의 성격적 결함이 곧 재정적 실패로 이어진다고 보았다. 따라서 '부의 비결'은 돈을 버는 기술 이전에 인격을 수양하고 습관을 관리하는 데서 시작된다고 보았다. 그는 완벽한 도덕적 성취를 위해 13가지 덕목(절제, 침묵, 질서, 결단, 검소, 근면 등)을 설정하고 일일 점검표를 만들어 매주 하나의 덕목에 집중하여 스스로를 엄격하게 평가했다. 특히 '근면'과 '검소'는 부를 직접적으로 축적하는 핵심 덕목이었다. 프랭클린은 지속적인 자기 개선이야말로 성공적인 사업과 영속적인 부를 만드는 궁극적인 방법이라고 확신했으며, 그의 삶 자체가 그 증거였다.

프랭클린의 『벤저민 프랭클린 자서전』은 우리에게 **"당신의 시간과 인격을 철저히 관리하라. 그러면 돈은 자연스럽게 따라올 것이다"** 라는 자수성가의 영원한 공식을 제시한다.

손무의 『손자병법(孫子兵法)』

『손자병법(孫子兵法)』은 군사 전략서이지만, 그 핵심 원리는 경쟁, 자원 관리, 위험 최소화 등의 측면에서 부(富)를 축적하고 지키는 경영 및 투자 전략에 그대로 적용될 수 있다.

- 모두가 몰리는 고평가된 자산에 추격 매매하는 것을 피하고, 저평가되었거나 시장이 아직 주목하지 못한 기회를 찾아 투자함으로써 제한된 자원으로 높은 수익을 달성하는 것이 진정한 부의 비결이다.

07

최고의 '부의 비결'

고전 중의 고전, 『손자병법(孫子兵法)』은 전쟁을 이야기하지만, 그 핵심 원리는 경영, 투자, 그리고 부(富)의 축적에 대한 가장 냉철하고 실용적인 전략서로 통한다. 손자에게 '부의 비결'은 단순히 돈을 버는 기술이 아니라, 경쟁을 피하고 위험을 최소화하며 승리를 확정 짓는 '비용 최소화 전략' 그 자체다.

- 돈이 나가는 싸움을 만들지 마라(不戰而屈人之兵)

손자는 **"싸우지 않고 적을 굴복시키는 것이 최상의 계책"**이라고 말한다. 전쟁은 인명, 물자, 시간이라는 엄청난 비용을 소모하므로, 전쟁을 피하면서 목적을 달성하는 것이 가장 큰 이익이라는 것이다. 이 말은 경쟁자와의 소모적인 가격 전쟁이나 끝없는 광고 싸움(레드 오션)을 피하고, 대신, 기술 혁신이나 독점적인 시장 확보, 또는 남과 다른 경쟁 우위를 통해 아예 경쟁 자체를 무의미하게 만들어야 한다는 말이다. 마이클 포터의 '차별화 전략' 처럼, 비용을 최소화하고 이윤을 극대화하는 최고의 방법은 싸움을 만들지 않는 것이다.

또한 이 말은 불필요한 빚이나 소득이 늘 때 지출도 함께 늘어나는 '라이프스타일 인플레이션'을 철저히 억제하라는 말이기도 하다. 돈이 나가는 싸움을 애초에 만들지 않는 것이야말로 재산을 지키고 불리는 가장 기본적이면서도 강력한 '수비 전략'이다.

- 승리할 기반을 갖춘 후에 시장에 뛰어들어라(先勝而後求戰)

손자는 "**승리하는 군대는 먼저 승리할 수 있는 조건을 갖춘 후에 전투를 시작하고, 패배하는 군대는 일단 전투를 시작한 후에 승리를 구한다**"라고 강조한다. 이는 시작 전에 모든 위험을 분석하고 필승의 기반을 완벽하게 다져야 함을 의미한다.

주식 시장이나 새로운 사업에 뛰어들기 전에, 자신(자

금력, 지식, 심리 상태)과 적(시장 상황, 경제 주기)을 철저히 분석해야 한다. 충분한 연구 없이 충동적으로 투자하거나 시장의 움직임에 끌려다니는 것은 패배하는 지름길이다. 손정의 회장이 『손자병법』의 '도(道), 천(天), 지(地), 장(將), 법(法)' 다섯 가지 요소로 사업을 치밀하게 분석하는 것은 이 원칙의 대표적인 성공 사례다. 또한 시장조사, 비즈니스 모델 검증, 핵심 인재 확보 등 '승리할 기반'을 완벽히 갖춘 후에야 실행에 돌입해야만 한정된 투자금과 시간을 낭비하지 않을 수 있다.

- 적의 강점을 피해 허점을 공격하라(허실 전략)

손자는 **"적의 실(實, 강점)을 피하고 허(虛, 약점)를 공격하라"**라고 가르친다. 자원을 적이 방어하는 강한 곳에 낭비하지 않고, 적의 약점이나 틈새를 찾아 병력을 집중해야 효율적인 승리를 얻을 수 있다는 뜻이다.

마케팅/사업의 관점에서 거대 기업이 이미 지배하는 레드 오션(실)을 피하고, 틈새시장이나 새로운 기술(허)에 자본과 인력을 집중해야 한다. 모두가 기존 휴대폰 시장에 집중할 때 애플이 스마트폰이라는 새로운 시장(허점)을 공략해 판을 뒤집은 것처럼, 경쟁자가 예상치 못한 '기(奇)' 전략을 통해 승리를 쟁취해야 한다.

따라서 투자자들은 모두가 몰리는 고평가된 자산(실)에 추격 매매하는 것을 피하고, 저평가되었거나 시장이 아직 주목하지 못한 기회(허)를 찾아 투자함으로써 제한된 자원으로 높은 수익을 달성하는 것이 『손자병법』이 우리에게 제시하는 '부의 비결'이다.

박지원의 『허생전(許生傳)』

『허생전(許生傳)』은 박지원의 실학사상을 담은 한문 소설로, 주인공 허생이 비범한 경제적 수완을 발휘하여 단기간에 막대한 부를 축적한 뒤, 그 부를 통해 조선 사회의 문제점을 해결하려 시도하는 과정을 다룬다. 여기서 제시하는 '부의 비결'은 당시 조선의 취약한 유통 구조를 이용한 비정상적인 축재의 방법과 그 부를 이상적인 사회 건설에 사용하는 실학적 방법을 동시에 보여준다.

– '이용후생(利用厚生)'을 통해 백성의 삶을 넉넉하게 하는 것이 진정한 부국(富國)의 길이다.

08

망건 독점으로
벼락부자 된 선비

조선 후기의 실학자 박지원의 소설 『허생전(許生傳)』은 세상 물정 모르던 선비 허생이 단 한 달 만에 막대한 부를 축적하고, 그 돈으로 조선 사회를 개혁하려 시도하는 과정을 그린 풍자소설(극)이다. 여기서 제시하는 '부의 비결'은 당시 조선의 취약한 유통 구조를 이용한 비정상적인 투기와, 그 부를 이상적인 사회 건설에 사용하는 실학적 활용법이라는 양면성을 지닌다.

- 과일 매점매석으로 10배 폭리

허생은 한양 최고 부자 변씨에게 만 냥(萬兩)을 빌린 후, 그 돈으로 곧장 안성으로 가서 전국에서 유통되는 모든 과일(대추, 밤, 감, 배)을 시세보다 두 배 높은 값에 모두 사들였다. 이로 인해 전국적으로 과일이 사라져 잔치나 제사를 지낼 수 없게 되자, 허생은 과일 장수들에게 열 배의 가격으로 되팔아 단 한 달 만에 십만 냥이라는 막대한 이익을 남긴다. 이 상행위는 현대 경제학에서 말하는 매점매석이자 경제 질서 교란 행위이다. 허생은 이 일화를 통해 조선의 빈약한 상업 구조를 신랄하게 비판한다. 단 한 사람의 독점으로 전국 경제가 휘청거리는 현실과, 허례허식에 빠진 양반들의 과일 수요가 얼마나 큰 경제적 폐해를 낳는지를 통렬하게 풍자한 것이다.

- 말총 투기로 백만 냥을 벌다

과일 매매로 얻은 십만 냥을 손에 넣은 허생은 멈추지 않는다. 이번에는 제주도로 건너가 말총을 모두 싹쓸이하여 사들였다. 말총은 당시 양반들이 상투에 쓰는 망건을 만드는 데 필수 재료였다. 말총이 사라지자 전국적으로 망건을 만들 수 없게 되었고, 양반들의 체면이 무너질 위기에 처하자 망건장이들이 허생을 찾아와 사정했다. 허생은 말총을 열 배 이상의 비싼 값에 팔아 백만 냥이라는 천문학적인 돈을 벌어들인다. 이 일화는 생필품이 아닌 사치품(망건)에 대한 양반들의 허례허식과 체면이 얼마나 큰 경제적 비용을 초래하는지를 폭로한 것이다. 허생은 양반 계층의 비생산적인 수요를 독점하여 단기간에 부를 극대화하며, 경제적 통찰력을 가진 선비가 상업을 통해 부를 축적하는 실학적인 이상을 제시한다.

- 이상적인 분배와 사회 개혁

 매점매석으로 모은 천문학적인 부를 사적으로 사용하지 않은 허생은, 변산에 숨어 사는 도적 천여 명을 찾아간다. 허생은 그들을 빈민으로 규정하고, 돈을 주어 장가들게 하고 농사지을 소와 씨앗을 제공하여 무인도로 데려가 생산적인 백성으로 변화시킨다. 도적들이 3년 동안 열심히 농사지어 생산한 곡식을 허생은 흉년이 든 육지에 팔아 또다시 큰돈을 벌어들인다. 이 일화는 허생이 추구하는 이상적인 부의 분배와 활용법을 보여준다. 허생은 노동의 기회와 생산 수단(소, 씨앗)을 제공하여 사회의 최하층민을 생산적인 백성으로 변화시킨다. 이는 '이용후생(利用厚生)'을 통해 백성의 삶을 넉넉하게 하는 것이 진정한 부국(富國)의 길이라는 실학사상을 실천한 것이다. 허생은 개인적인 부자 되기를 넘어, 부를 사회 개혁의 수단으로 활용했다.

박지원의 『양반전(兩班傳)』

『양반전(兩班傳)』은 박지원이 지은 한문 단편소설로, 몰락한 양반과 돈 많은 상민 부자의 양반 신분 매매 사건을 통해 조선 후기 양반의 허위와 경제적 무능력을 신랄하게 풍자하는 작품이다. 이 소설은 '부자 되는 법'을 직접적으로 제시하기보다는, 신분과 부의 관계를 뒤집어 보여주며 이상적인 부의 분배와 경제 활동의 중요성을 간접적으로 강조한다.

- 부자란 재물을 생산적으로 축적하고, 명분보다는 실리를 추구하며, 부당한 수탈을 거부하는 사람이다.

09

도둑놈이 되느니
차라리 천민으로 살겠다

조선 후기의 실학자 박지원의 한문 단편소설 『양반전(兩班傳)』은 당시 사회를 지탱하던 '신분'과 '부(富)'의 관계가 역전되는 지점을 신랄하게 풍자한다. 이 작품은 '부의 비결'을 직접 가르치지 않는다. 대신, 생산성 없는 신분이 어떻게 몰락하고, 돈이 어떻게 명분을 압도하는지를 보여주며 이상적인 경제 활동의 가치를 역설적으로 강조한다.

- 글만 읽던 양반, 빚에 팔려 무너지다

강원도 정선에 살던 한 양반은 어질고 글 읽기를 좋아했지만, 농사도 장사도 하지 않고 오직 명분만 내세우다가 관청의 환곡(국가 공공 재물)을 빌려 먹고 살았다. 해마다 빚이 쌓여 결국 천 석에 이르렀고, 빚을 갚지 못해

옥에 갇힐 처지에 놓이게 된다. 이 일화는 양반이 지닌 문화적·사회적 자본(신분)이 경제적 자본(재물) 앞에서 얼마나 무력한지를 보여준다. 이 양반은 생산적인 경제 활동 없이 특권에만 기대던 기생적인 존재로 전락했다. 박지원은 이를 통해 신분 특권에만 기대는 '부'는 결국 몰락할 수밖에 없다는 준엄한 비판을 던진다.

- 부자 신분을 샀지만, 그 명분은 거부하다

양반이 자신의 유일한 자산인 신분을 팔기로 결정하자, 마을의 돈 많은 부자가 막대한 재물을 대신 갚아주고 양반 신분을 사게 된다. 이 양반 매매 증서를 작성하기 위해 군수가 나선다.

첫 번째 증서는 양반이 지켜야 할 형식적인 도덕규범만을 나열했다. (예: 춥다고 화롯불을 가까이하지 말라) 부자는 양반 신분을 돈을 주고 샀는데도 얻는 실익이 없자 불만을 터뜨린다.

두 번째 증서가 작성되는데, 여기에는 양반이 누릴 수 있는 부당한 특권과 실질적인 이익이 적혀 있었다. (예: 농사를 짓지 않고도 진사나 문과에 급제하여 돈 자루가

된다. 백성에게 횡포를 부려도 아무도 따지지 못한다)

 이 부자는 양반의 횡포와 수탈이 "도둑놈"과 다름없는 행태임을 깨닫자마자 "차라리 천민으로 살겠다"라며 양반 신분을 포기하고 달아난다. 두 번째 증서는 양반의 부가 결국 백성을 수탈하는 부도덕한 특권에서 나왔음을 폭로하며, 신분보다 재물의 정의로움과 실리를 중시하는 실학적 사고의 승리를 보여준다.

- 신분보다 위에 있는 부의 가치

 가난하여 빚 때문에 몰락한 양반과, 돈은 많지만 신분이 낮아 멸시받던 부자의 이 거래는 경제력(부자의 재물)이 전통적인 신분(양반의 명예)보다 더 큰 가치를 지니게 되었음을 명확히 보여준다. 『양반전』은 부자는 재물을 생산적으로 축적하고, 명분보다는 실리를 추구하며, 부당한 수탈을 거부하는 사람이라며 이상적인 부의 분배와 경제관을 역설적으로 제시하고 있다. 진정한 부자는 헛된 명분이나 특권에 기대지 않고, 실질적인 생산력과 정의로운 상업 정신으로 돈을 모으는 자임을 박지원은 통렬한 풍자를 통해 가르쳐 주고 있다.

애덤 스미스의 『국부론』

애덤 스미스(Adam Smith)의 『국부론』은 부(富)의 개념을 단순히 금은보화의 축적(중상주의 비판)에서 벗어나, 국민 전체의 생산 능력으로 정의했다. 스미스에게 '부자 되는 법'은 개인의 윤리나 권력이 아닌, 시장 경제의 근본적인 작동 원리를 이해하고 활용하는 것에 있다.

- '경쟁'과 '자유'라는 룰을 이해하고 활용하는 것이야말로, 국가와 개인이 부유해지는 가장 빠르고 확실한 길이다.

애덤 스미스의
'부자의 비결'

 18세기에는 세상의 부(富)는 여전히 왕실의 금고나 배에 가득 실린 금은보화에 있다고 믿었다. 이때, "틀렸소!"라고 외친 사나이가 있었다. 그가 바로 현대 경제학의 아버지, 애덤 스미스다. 그의 필생의 역작『국부론』은 부자들의 '개인 기술'이 아닌, '국민 전체가 잘사는 법'에 대한 가장 과학적인 설계도다.

 스미스는 부의 근원을 금덩이가 아닌, '노동의 생산성'에서 찾아냈다. 그리고 이 생산성을 폭발시키는 마법의 주문이 바로 '분업(Division of Labor)'이라고 보았다.
 그의 유명한 '핀 공장 비유'를 떠올려 보자. 핀 하나를 혼자 만들려면 며칠이 걸릴지 모른다. 하지만 스미스는 핀 만드는 과정을 18개의 세부 공정으로 나누었더니, 노동자 한 명이 하루에 수천 배의 핀을 생산하게 되었다고 말한다. 숙련도가 올라가고, 시간 낭비가 사라지며, 기계 발명까지 촉진되는 이 분업이야말로 국가와 개인이 폭발적으로 부유해지는 가장 강력한 엔진이었다.

그런데 이 엔진을 돌리는 연료는 무엇이었을까? 스미스는 솔직하게 말한다. 바로 '이기심(Self-Interest)'이라고.

마르크스가 착취라 부르기 훨씬 전, 스미스는 인간의 이기심을 비난하는 대신 경제의 동력으로 인정했다. **"우리가 저녁 식사를 할 수 있는 것은 정육점 주인, 양조장 주인, 빵집 주인의 자비심 덕분이 아니라, 그들 자신의 돈벌이에 대한 관심 때문이다!"** 빵집 주인이 더 많은 돈을 벌기 위해 가장 맛있고 효율적인 빵을 구울 때, 우리는 가장 저렴하고 품질 좋은 저녁 식사를 얻게 된다.

스미스에게 진정한 '부의 비결'은 간단하다. 시장에 나가 타인의 필요(우리의 배고픔)를 가장 잘 충족시키는 동시에 자신의 이익(더 많은 돈)을 극대화하는 합리적인 행위를 하는 것이다.

그렇다면 이렇게 수많은 이기심들이 부딪히는데도 사

회가 아수라장이 되지 않고 조화롭게 돌아가는 비결은 무엇일까? 스미스가 던진 신의 한 수, 바로 '보이지 않는 손(Invisible Hand)'이다.

각 개인이 자신의 이익을 위해 가장 돈이 될 만한 곳에 자본을 투자하려고 노력할 때, 그는 의도하지 않았지만 마치 '보이지 않는 손'에 이끌려 사회 전체의 자원을 가장 효율적으로 배분하는 결과를 낳는다. 정부가 일일이 간섭하지 않고 시장의 자유로운 경쟁에 맡겨둘 때, 개인의 이기적인 행동들이 모여 역설적으로 '국가 전체의 부(國富)'를 증진시키는 최적의 결과를 낳는다는 것이다.

스미스의 『국부론』은 부자가 되기 위한 개인의 윤리(러스킨)나 시스템의 모순(마르크스)을 논하기 전에, 시장이 어떻게 작동하는가에 대한 가장 냉철하고 현실적인 공식을 제시했다. '경쟁'과 '자유'라는 룰을 이해하고 활용하는 것이야말로, 국가와 개인이 부유해지는 가장 빠르고 확실한 길이라는 그의 가르침은 오늘날 자본주의를 움직이는 기본 중의 기본이 되었다.

허먼 멜빌의 『백경』

허먼 멜빌의 『백경』에서 '부자 되는 법'은 고래잡이 산업의 막대한 잠재적 수익과, 그 수익을 능가하는 인간의 탐욕과 광기가 만들어 내는 도덕적, 물리적 파멸의 아이러니를 통해 탐구된다.

- 자연의 거대한 부를 좇는 행위는 정당하지만, 그것이 개인의 광기나 비이성적인 집착과 결합하는 순간, 모든 합리적인 이윤 추구는 파멸로 귀결될 수 있다.

11

고래기름이냐, 금화냐

19세기, 고래기름은 현대의 석유만큼이나 귀한 황금 자원이었다. 허먼 멜빌의 『백경(Moby Dick)』은 표면적으로는 이 막대한 부를 좇는 상업 항해기처럼 보이지만 그 이면에는 탐욕과 광기, 그리고 도덕적 파멸이라는 무거운 주제가 얽혀 있다. 이 작품에서 '부'는 인간의 탐욕이 어떻게 자신을 파괴하는지를 보여주는 비극적인 아이러니다.

- '피쿼드호'의 본래 목적, 합리적인 이윤 추구

피쿼드호의 항해는 선장부터 선원까지 모두에게 엄청난 부를 약속하는 합리적인 상업 사업이었다. 고래기름은 램프 연료, 윤활유 등 없어서는 안 될 귀한 상품이었고, 선원들은 고래를 잡는 양에 따라 이익을 나누는 '어획 분배 비율(lay)' 시스템을 따랐다. 이는 그들의 근면과 이윤 추구를 자극하는 정당한 '부의 비결'이었다. 하지만 이 합리적인 상업적 동기는 항해 초반, 에이허브 선장의 광기로 인해 뒤틀리기 시작한다.

- 금화로 탐욕을 조작하다

에이허브 선장은 선원들을 모아놓고, 악마와 같은 거래를 제안한다. 모비딕(백경)을 가장 먼저 발견하거나 잡는 자에게 스페인 금화(doubloon)를 상금으로 주겠다고. 이 금화는 돛대에 못 박히고, 선원들의 눈은 순수한 고래기름이 아닌, 반짝이는 금화와 모비딕을 향한 복수심이라는 변질된 욕망에 고정된다. 이 사건은 에이허브의 파멸적인 '부의 결말'을 보여준다. 그는 자신의 개인적인 광기(복수)를 달성하기 위해, 선원들의 본래 목적(경제적 이윤)을 조작된 탐욕과 명예로 대체하고 이용한다. 상업적 동기가 개인의 집착에 종속되는 순간, 피쿼드호의 항해는 이미 상업적 사업이 아닌 복수극으로 변질된 것이다.

- 광기는 합리성을 삼킨다

일등 항해사 스타벅은 이 광기에 맞선 마지막 보루였다. 그는 반복적으로 주장한다. **"우리는 고래기름을 얻는 사업을 위해 항해해야지, 선장의 사적인 복수를 위해 항해해서는 안 됩니다!"** 스타벅은 잡을 수 있는 다른 고래 떼를 외면하고 오직 모비딕에게만 집착하는 에이허브의 결정이 사업적으로 비이성적임을 날카롭게 지적한다.

스타벅에게 '부의 비결'은 신중함과 합리성에 기반한 이윤 추구였다. 그러나 에이허브에게는 "모비딕을 죽이는 것" 자체가 부와 목표로 왜곡되었다. 이 광기는 결국 배와 선원 전체의 물리적, 경제적 파멸을 가져온다.

멜빌은 『백경』을 통해 경고한다. 자연의 거대한 부를 좇는 행위는 정당하지만, 그것이 개인의 광기나 비이성적인 집착과 결합하는 순간, 모든 합리적인 이윤 추구는 파멸로 귀결될 수 있음을 말이다. 이 소설은 우리에게 진정한 부는 일확천금의 탐욕이 아닌, 신중함과 상업적 윤리에 기반해야 한다는 역설적인 교훈을 던져준다.

마키아벨리의 『군주론』

『군주론』은 기본적으로 국가 권력의 획득 및 유지 방법에 대한 책이므로, 개인의 '부자 되는 법'을 직접적으로 다루지는 않는다. 그러나 군주가 국가 재정을 관리하고 신민을 통치하는 원리 속에 '부를 유지하고 축적하는' 핵심적인 경제적 통찰이 담겨 있다.

- 인색한 근검절약으로 재정을 독립시키고, 타인의 재산을 침해하지 않으며, 핵심 자원(인재)에 장기적으로 투자하라. 이것이 바로 권력과 부를 영속시키는 최고의 비결이다.

12

인색함이 최고의 미덕

  니콜로 마키아벨리의 『군주론』은 권력 획득과 유지에 대한 냉혹한 현실주의 교과서다. 이 책은 '개인이 부자 되는 법'을 직접 가르쳐 주진 않지만, 국가 재정을 관리하는 군주의 통치 원리 속에 부를 유지하고 축적하는 가장 날카로운 경제적 통찰이 숨어 있다. 마키아벨리에게 '부를 지키는 법'은 도덕이 아닌, 계산이었다.

- "인색하다"는 비난을 두려워하지 마라

  군주라면 당연히 '관대하다(Generosity)'는 평판을 듣고 싶어 할 것이다. 하지만 마키아벨리는 경고한다. "관후함(관대함)처럼 그 자신을 소진시키는 것은 없다"라고. 군주가 관대하다는 평판을 얻으려 마구 지출하면, 재정은 곧 바닥난다. 결국 군주는 가난해지는 것을 피하기 위해 백성들에게 과중한 세금을 물릴 수밖에 없게 된다.

마키아벨리는 군주가 차라리 '인색하다(Miserliness)'는 비난을 받는 것을 두려워하지 말아야 한다고 주장한다. 진정한 관대함은 평소의 검약(인색함)을 통해 재정을 충실히 유지하여, 위기 상황이 닥쳤을 때 백성에게 추가 부담을 지우지 않을 수 있는 상태를 만드는 것이다. 꾸준히 지출을 통제하여 자본을 지키는 것이야말로 장기적으로 부를 유지하는 핵심이다.

- 아버지의 죽음보다 재산 침해가 더 위험하다

부를 안정적으로 유지하기 위해 군주가 절대 건드려서는 안 되는 것이 있다. 바로 신민의 재산이다. 마키아벨리는 **"사람들은 자기 유산을 잃어버린 것보다 자기 아버지의 죽음을 더 빨리 잊기 때문이다"**라고 섬뜩하게 경고한다. 군주가 아무리 강력할지라도, 일시적으로 타인의 부를 강탈하는 행위는 대중의 뿌리 깊은 증오를 사서 결국 자신의 몰락을 초래한다. 개인의 부를 축적하는 과정에서도 마찬가지이다. 공정함과 재산권 존중이야말로 장기적인 안정을 보장한다. 타인의 재산을 침해하여 얻은 부는 일시적일 뿐, 결국 사회적 불안정과 반발을 불러와 부 자체를 위태롭게 만든다.

- 핵심 인재에 투자하라

마키아벨리는 군대를 용병이 아닌 자국민으로 구성된 군대(자국군)로 육성해야 한다고 주장한다. 이 역시 재정 관리의 관점에서 중요한 통찰이다. 용병은 돈 때문에 싸우므로 충성심이 없고, 비싸며, 배반할 가능성이 크기에 가장 비효율적인 자원이다. 반면, 충성심이 강한 자국군은 국가 재정을 안정시키고 통치력을 강화하는 가장 확실하고 장기적인 투자다.

이 교훈은 현대에도 적용된다. 핵심 인재와 자원에 대한 지출은 단기적 비용이 아니라, 미래부의 안정성과 지속 가능성을 위한 장기적인 투자로 보아야 한다. 비싸고 충성심 없는 외부 자원(용병)에 의존하는 것은 재정적 파멸을 부를 뿐이다.

『군주론』이 가르치는 '부의 비결'은 명확하다. 인색한 근검절약으로 재정을 독립시키고, 타인의 재산을 침해하지 않으며, 핵심 자원(인재)에 장기적으로 투자하라. 이것이 바로 권력과 부를 영속시키는 냉철한 생존 법칙이다.

『춘향전』

『춘향전』은 '부자 되는 법'을 직접적으로 다루기보다는, 권력을 이용해 부를 축적하는 탐관오리의 수탈과 가난하지만 도덕적인 인물의 고난과 성공을 대비시켜 부(富)의 도덕적 의미를 풍자하고 비판하는 데 초점을 맞춘다.

- 정의롭지 못한 부는 필히 무너지고, 도덕적 고난을 이겨낸 자만이 진정한 부와 명예를 얻게 된다.

옥쟁반의 안주는
만백성의 기름이다

 고전 소설 『춘향전』은 신분과 사랑의 장벽을 넘는 이야기로 유명하지만, 그 이면에는 부(富)를 둘러싼 도덕적 풍자와 경제적 정의에 대한 뜨거운 염원이 담겨 있다. 이 소설에서 '부'는 권력으로 백성을 수탈하는 탐욕의 그림자와, 정의로운 청렴함이 최종적인 승리를 거두는 극명한 대비로 제시된다.

- 변학도의 '가렴주구 경영학'

 남원 부사 변학도는 백성들의 삶에는 관심 없이, 오직 자신의 호색과 향락만을 추구하는 탐관오리의 전형이다. 그는 자신의 성대한 잔치를 위해 백성들에게 가혹하게 세금과 공물을 거두어 재물을 수탈한다. 관청의 돈을 사적으로 유용하고 뇌물을 받는 그의 행위는 남원을 가난과 고통의 땅으로 만든다.

변학도의 행위는 권력을 이용한 부당한 재물 축적이야말로 당시 부패한 사회의 '부의 비결'이었음을 보여준다. 작가는 그의 부가 백성의 피와 눈물 위에 세워진 것임을 강력하게 비판한다. 이몽룡이 변학도의 잔치에서 읊은 "금 술동이의 좋은 술은 천 사람의 피요, 옥쟁반의 맛있는 안주는 만백성의 기름이라"라는 시구는 탐욕의 본질을 극명하게 드러내고 있다.

- 거지 행색의 암행어사, 부당한 재산을 몰수하다

암행어사가 되어 남원에 내려온 이몽룡은 춘향을 만나기 위해 거지 행색으로 변장한다. 이 가난한 모습은 춘향과 월매에게 절망감을 주지만, 이는 재물보다 능력과 도덕성(청렴)을 갖춘 인물이 신분을 드러내기 전 고난의 시기를 견디는 모습이었다.

이몽룡이 신분을 드러내고 변학도를 파직시키는 순간은 단순히 정치적 응징을 넘어선다. 이는 부당하게 축적된 변학도의 재물을 몰수하고 남원 백성들에게 경제적 정의를 회복시키는 행위이기도 했다. 이몽룡의 성공은 재물이 아닌 청렴한 출세가 진정한 가치를 지닌다는 것을 보여주며, 부는 정의로워야 한다는 조선 후기 민중의 간절한 염원을 반영하고 있다.

- 명예가 물질을 압도하다

 기생의 딸인 춘향은 이몽룡이 떠나고 변학도의 수청을 거부하자 옥에 갇히는 등 경제적인 어려움에 처하게 된다. 어머니 월매가 춘향에게 변학도와 타협하라고 종용하는 배경에는 현실적인 생계와 재산에 대한 불안감이 깔려 있다. 하지만 춘향은 물질적인 부를 택하는 대신 정절과 도덕적인 가치를 지키기로 결정한다. 이는 탐욕으로 얻은 부보다 명예가 더 귀하다는 전통적 가치를 옹호하는 행위였다. 소설의 결말에서 춘향이 이몽룡의 정실부인(貞夫人)이 되어 신분 상승과 경제적 안정을 얻는 것은, 물질적 고난을 견딘 자에게 주어지는 정의로운 보상으로 해석된다. 『춘향전』은 정의롭지 못한 부는 필히 무너지고, 도덕적 고난을 이겨낸 자만이 진정한 부와 명예를 얻게 된다는 교훈을 우리에게 남기고 있다.

CHAPTER 2

윤리적 부의 철학

『논어(論語)』

『도덕경』과 마찬가지로, 『논어(論語)』 역시 직접적으로 '돈을 버는 실용적인 방법'을 가르쳐 주진 않는다. 대신, 재물과 부귀를 대하는 군자(君子)의 올바른 자세와, 도의(道義)를 바탕으로 한 진정한 풍요에 이르는 길을 제시한다.

- 눈앞의 재물에 집착하기보다, 의로움과 덕을 통해 내면의 '군자다움'을 완성할 때, 외부적인 풍요로움 역시 자연스럽게 따라온다.

14

부(富)를 대하는 자세

사마천의 「화식열전」이 부를 좇는 인간의 본성을 긍정하고 현실적인 축재 방법을 제시했다면, 공자의 『논어(論語)』는 그 반대편에서 '어떻게 부(富)를 대해야 하는가'라는 도덕적, 인문학적 물음을 던진다. 『논어』는 직접적인 돈 버는 기술 대신, 재물과 부귀를 대하는 군자(君子)의 올바른 자세를 통해 진정한 풍요로움에 이르는 길을 제시한다.

- 의로움이 부귀의 근본이다

공자는 **"의롭지 않은 방법으로 얻은 부귀는 나에게 뜬구름과 같다(不義而富且貴 於我如浮雲)"**라고 단언했다. 부귀 자체가 나쁜 것이 아니라, 그것을 얻는 수단이 정의와 도리에 합당해야 한다는 것이다. 재물을 추구하는 노력 자체는 긍정하지만, 그 수단이 떳떳하지 못하다면 그것은 진정한 자신의 것이 될 수 없고, 오래 지속될 수도 없다. 군자의 부는 '정당한 도'를 지켜 얻은 재물로 삶을 꾸려가는 데 있다.

- 이익보다는 의리가 먼저다

『논어』는 "군자는 의리(義)에 밝고, 소인은 이익(利)에 밝다(君子喩於義, 小人喩於利)"라고 하여, 사태에 직면했을 때 군자가 '옳은 일인가'를 먼저 생각해야 함을 강조한다. 개인의 이익만을 좇아 행동하면 당장은 재물을 얻을지 모르나, 장기적으로는 남의 신뢰를 잃고 원망을 사게 되는 것이다. 결국, 주변의 신뢰와 덕(德)을 쌓는 의로움의 실천이야말로 사업이든 관계든, 모든 영역에서 진정한 성공과 지속적인 부를 이룰 수 있는 근본적인 방법이 된다.

- 외부 조건보다 자기 역량을 갖추는 데 집중하라

공자는 "높은 벼슬자리가 없음을 걱정하지 말고, 그 자리에 설 수 있는 자격(역량)을 갖추는 것을 걱정해야 한

다"라고 말한다. 부와 명예 같은 외적인 조건은 억지로 구한다고 얻어지는 것이 아니다. 자신이 충분한 능력과 덕(德)을 갖추고 내실을 다질 때, 세상은 자연히 그를 필요로 하고 재물과 명예가 저절로 따르게 된다. 진정한 부자의 길은 외부적인 결핍을 한탄하는 데 있지 않고, 내면의 역량을 강화하는 꾸준한 노력에 있음을 강조하는 것이다.

이처럼 『논어』는 눈앞의 재물에 집착하기보다, 의로움과 덕을 통해 내면의 '군자다움'을 완성할 때, 외부적인 풍요로움 역시 자연스럽게 따라온다는 동양의 근본적인 부귀 철학을 제시하고 있다.

『맹자』

맹자에게 있어 '부자 되는 법'은 개인의 재산 증식보다는 백성의 경제적 안정(恒産, 항산)을 도모하는 왕도정치(王道政治)의 실현을 통해 국가 전체의 풍요를 이루는 데 초점이 맞추어져 있다.

- 항산을 통해 백성의 마음을 얻고, 이익보다 인의를 앞세우며, 겸손과 검소함으로 덕을 쌓을 때, 국가나 공동체는 비로소 항구적인 풍요를 누릴 수 있다.

15

백성의 마음을 얻는 부(富)

 춘추전국시대의 격랑 속에서 사마천이 상인의 현실적인 축재술을 기록하고 장자가 속세의 집착을 놓으라 가르칠 때, 맹자(孟子)는 국가와 사회 전체의 풍요, 즉 왕도정치(王道政治)를 통한 공동체의 안정에 초점을 맞춘다. 맹자에게 '부자 되는 법'이란 개인의 재산 증식을 넘어, 백성 모두가 안정된 생활 기반을 갖추는 것이었다.

 맹자는 **"일정한 생업이나 재산(恒産)이 없으면, 그로 인해 항상 떳떳한 마음(恒心)도 없다"**라는 유명한 구절로 경제적 안정의 중요성을 역설했다. 이는 백성의 경제적 기반이 도덕성의 토대임을 주장한 것이다. 지도자나 기업의 경영자는 구성원에게 안정적인 생계 수단과 생활 조건을 마련해 주어야 하며, 이것이 곧 조직이나 국가가 부강하고 평화롭게 되는 근본적인 '부의 비결'이라고 가르친다. 개인의 차원에서 보아도, 일정한 생계 기반을 마련하는 것이 도덕적이고 안정된 삶의 전제 조건이 된다.

나아가 맹자는 눈앞의 이익(利)만을 추구하는 것을 단호히 경계했다. 양혜왕이 나라의 이익을 묻자, 맹자는 "하필 이익(利)만 말씀하십니까? 또한 인의(仁義)가 있을 뿐입니다"라고 답하며, 위아래가 서로 이익을 다투게 되면 나라가 위태롭게 된다고 경고했다. 사사로운 이익을 앞세우면 결국 공동체 전체의 신뢰와 화합을 깨뜨리지만, 인(仁)과 의(義)를 통해 백성의 마음을 얻는 왕도를 행할 때 진정한 부와 안정은 자연스럽게 따라온다는 것이다.

또한 맹자는 이미 부유한 사람에게는 검소함과 공손함(恭儉)을 실천할 것을 강조했다. **"공손한 사람(恭)은 남을 업신여기지 않고, 검소한 사람(儉)은 남의 것을 빼앗지 않는다"**라는 가르침은, 부유해질수록 빠지기 쉬운 교만과 사치라는 함정을 경계한다. 재물이 많아질수록 겸손과 절제를 통해 마음을 다스려야만, 주변의 신뢰와 덕망을 잃지 않고 그 부를 오래도록 유지할 수 있기 때문이다.

 결국 맹자의 부자론은 개인의 욕망 충족이 아닌, 지도자의 윤리와 통치 철학의 영역에 있다. 항산을 통해 백성의 마음을 얻고, 이익보다 인의를 앞세우며, 겸손과 검소함으로 덕을 쌓을 때, 국가나 공동체는 비로소 항구적인 풍요를 누릴 수 있다는 것이 맹자가 제시한 진정한 '부의 비결'이다.

『성경』

『성경』은 '부자 되는 법'을 세속적인 재산 축적 기술로 가르치기보다는, 하나님과의 관계와 도덕적 책임을 강조하며 참된 풍요로움(물질적, 영적)을 얻는 원리를 제시한다.

- 부의 비결은 재물을 단순히 개인의 창고에 쌓아두는 대신, 하나님의 뜻에 따라 정의롭게 사용하고 나눌 때 주어지는 포괄적인 은혜이다.

16

창고를 짓지 말고 복을 쌓아라

 인간의 삶에서 '부자 되는 법'을 탐구하는 것은 동서고금을 막론한 영원한 주제이다. 고전들이 재물의 순환(여불위), 의로움(논어), 복덕(삼국유사)을 이야기할 때, 『성경』은 이 모든 풍요의 근원을 하나님과의 관계와 청지기적 책임에서 찾는다. 『성경』이 제시하는 '부자 되는 법'은 단순한 재산 축적 기술이 아닌, 물질적 안정과 영적 만족을 포함하는 전인적인 복을 얻는 윤리적, 영적 원리이다.

- 근면하고 성실한 노력을 통해 재물을 축적하라

 잠언은 **"손을 게으르게 놀리는 자는 가난하게 되고 손이 부지런한 자는 부하게 되느니라"** 라고 가르치며, 정직한 노동을 신앙인의 기본적인 덕목이자 축복의 통로로 본다. 그러나 이는 탐욕적인 투기나 "속히 부자가 되려는" 태도와는 구별된다. 『성경』은 근심이 함께하지 않는 '여호와께서 주시는 복'을 강조하며, 재물 자체보다 재물을 다루는 태도의 정당성을 우선한다.

- 베풀고 나누는 청지기가 되라

성경적 풍요의 핵심은 재물의 진정한 소유주는 하나님이며, 인간은 이를 잠시 맡아 관리하는 '청지기(Steward)'라는 의식이다. 누가복음의 어리석은 부자 비유는 자신만을 위해 큰 창고를 짓고 안주하려던 사람의 영혼을 하나님이 오늘 밤에 거두어 가시면서, 쌓아둔 재물이 무의미해짐을 경고한다. 이와 반대로 잠언은 **"흩어 구제하여도 더욱 부하게 되는 일이 있나니"** 라고 가르치며, 쌓아두지 않고 나눌 때 역설적으로 풍요가 순환되는 원리를 제시한다. 즉, 진정한 부자는 소유의 크기가 아니라 나눔의 크기를 통해 결정된다.

- 모든 풍요는 믿음에서 비롯된다

"그런즉 너희는 먼저 그의 나라와 그의 의를 구하라 그리하면 이 모든 것을 너희에게 더하시리라" 라는 말씀은 물질적 축복이 삶의 목표가 될 수 없음을 명확히 한다. 재물을 좇아 염려하기보다 신앙을 우선할 때, 생활에 필요한 모든 것이 부수적으로 주어진다는 것이다. 『성경』은 돈을 '사랑함' 자체를 경계하고 믿음과 의로움을 따라 살 때, 근심이 없는 진정한 복이 따라온다고 가르친다.

결국 『성경』이 제시하는 '부의 비결'은 물질적 안정, 도덕적 청지기 역할, 그리고 영적 만족이 통합된 삶의 방식이다. 재물을 단순히 개인의 창고에 쌓아두는 대신, 하나님의 뜻에 따라 정의롭게 사용하고 나눌 때 주어지는 포괄적인 은혜이자, 이 땅에서의 삶을 넘어 영원까지 이어지는 참된 유산을 의미한다.

일연의 『삼국유사』

『삼국유사』는 불교와 민간 설화를 기록한 책으로, 세속적인 '부자 되는 법'보다는 '복(福)'과 '선(善)'을 쌓아 다음 생의 풍요를 기약하거나 현세의 어려움을 극복하는 인과응보(因果應報)적 부(富)에 초점을 맞춘다. 여기서 '부자가 되는 법'은 '복덕(福德)을 쌓는 법'을 의미한다.

- 돈을 모으는 행위를 넘어, 타인에게 베풀고 인륜의 도리를 지키는 '복덕 치부의 원리'를 따를 때, 하늘이나 귀인의 도움을 받아 재물이 따르게 된다.

현세의 재물로
영원의 복을 얻다

고대 중국의 사상가들이 상업적 통찰이나 법치 시스템을 통해 부(富)를 논할 때, 우리의 고전 『삼국유사』는 완전히 다른 차원의 부자가 되는 길을 제시한다. 바로 복덕(福德)을 쌓아 현세와 내세의 풍요를 기약하는 인과응보(因果應報)의 철학이다. 『삼국유사』에서 부자가 되는 법은 돈을 버는 기술이 아니라, 선행이라는 종잣돈을 심어 복을 수확하는 영적인 경영론에 가깝다.

가장 대표적인 인물은 김대성(金大城)이다. 가난한 집에서 태어난 그는 품팔이로 얻은 밭을 전생의 업보를 씻고자 법회에 보시한다. **"전생에 선행을 쌓지 못해 가난하니, 이 밭을 시주하여 후세의 복을 도모하자"**라는 그의 말처럼, 그의 시주는 현세의 재물을 소비하는 것이 아니라 내세의 '금패'를 예약하는 장기 투자다. 그는 재상의 아들로 부유하게 환생했을 뿐 아니라, 현세와 전생의 부모를 위해 불국사와 석굴암이라는 거대한 문화유산을 창건할 만큼 엄청난 재력과 공덕을 갖추게 된다. 이 일화는 진정한 부자는 소유에 집착하지 않고, 재물을 선행과 보시에 사용하여 영속적인 복덕이라는 자본을 축적하는 사람임을 보여준다.

또한 효심(孝心)과 같은 근본적인 도덕적 가치는 즉각적인 현세의 보상으로 이어진다. 지극한 효심으로 노모를 봉양하기 위해 어린 아들을 묻으려던 손순은 땅속에서 돌종을 발견하여 왕의 총애와 함께 집과 곡식 100석을 하사받아 부유해진다. 극빈한 삶 속에서도 어머니를 위해 자신을 팔려 했던 효녀 지은 역시 그 효행이 귀인의 도움을 끌어내어 경제적 안정을 얻게 된다. 이 이야기들은 부가 우연이나 상업적 기교가 아닌, 하늘이 감동할 만한 도덕적 선행에 대한 보상으로 주어진다는 메시지를 담고 있다.

『삼국유사』는 재물의 근본을 복과 선에 둔다. 돈을 모으는 행위를 넘어, 타인에게 베풀고 인륜의 도리를 지키는 '복덕 치부의 원리'를 따를 때, 하늘이나 귀인의 도움을 받아 재물이 따르게 된다는 것이다. 이는 고난 속에서도 도덕적 가치를 잃지 않고, 현세의 재물을 선하게 사용함으로써 영원한 풍요에 이르고자 했던 신라인들의 순수한 염원을 보여주는 가장 고귀한 부자론이라 할 수 있다.

애덤 스미스의 『도덕감정론』

애덤 스미스(Adam Smith)의 『도덕감정론(The Theory of Moral Sentiments)』은 그의 경제학적 사고의 도덕적 기반을 다룬 저서이다. 이 책에서 스미스는 '부자가 되는 법'을 경제 시스템의 효율성(『국부론』)이 아닌, 타인의 시선과 사회적 인정 욕구라는 인간의 근본적인 심리적 동기에서 찾았다.

- 부는 외적인 재산 이전에, 타인의 마음속에 심어진 당신의 평판이다.

'명품백'이 아닌 '시선'을 위해 일하라

우리는 왜 그렇게 열심히 일하고, 돈을 벌어 좋은 집에 살고 싶어 할까? 경제학자들은 이윤 추구라고 답하겠지만, 현대 경제학의 아버지 애덤 스미스는 다른 책, 『도덕감정론』에서 의외의 답을 내놓는다. **"당신이 원하는 것은 돈이 아니라, 다른 사람들의 시선입니다!"** 라고.

스미스는 인간의 경제 활동을 움직이는 가장 근본적인 동기가 '사회적 인정(Social Approval)'에 대한 굶주림이라고 주장한다.

- 부의 진짜 동기, 주목받고 싶은 욕구

스미스는 인간이 옷을 입고 음식을 먹는 기본적인 욕구를 넘어 재물을 추구하는 이유를 탐구했다. 그는 가난한 사람이 겪는 가장 큰 고통은 굶주림이 아니라, "무시당하고 외면당하는 심리적 벌"이라고 보았다.

반면, 부유한 사람은 세상의 모든 주목과 존경을 받게 된다. 따라서 인간은 자신의 처지에 대한 '다른 사람들의 호의적인 동정(Sympathy)'을 얻기 위해, 즉, 인정받기 위해 부를 추구한다. 당신이 새로 산 고급 시계는 시간을 알려주기 위함이 아니라, 타인에게 "나 성공했소!"를 과시하고 그들의 호의적인 시선을 얻기 위한 강력한 도구인 셈이다. 이 인정 욕구가 바로 경제 활동의 가장 강력한 엔진이다.

- 자연의 기만, 인류 발전의 아이러니

그렇다면 부자가 되면 정말 행복할까? 스미스는 냉정하게 답한다. "아니다." 인간은 부와 명예가 자신에게 '완벽한 평화와 행복'을 가져다줄 것이라는 환상을 품고 힘든 노동을 견뎌낸다. 스미스는 이를 '자연의 기만(Deception of Nature)'이라고 불렀다. 실제로는 부자가 되어도 기대했던 영원한 안락은 오지 않고, 오히려 새로운 근심과 걱정이 따른다.

하지만 이 환상 덕분에 아이러니하게도 인류는 발전한

다. 이 기만이 없었다면 인간은 게으름에서 벗어나지 못했을 것이다. 이 헛된 행복에 대한 기대 덕분에 사람들은 땅을 경작하고, 건물을 짓고, 사회를 발전시켜 의도치 않게 공공의 이익에 봉사하게 된다. 부자가 되려는 개인의 심리적 환상이 문명을 만든 셈이다.

- 신중함(Prudence)이라는 부의 윤리

『도덕감정론』에서 스미스가 제시하는 건실한 '부의 비결'은 바로 신중함(Prudence)이다. 신중함은 무모한 투기나 낭비를 피하고, 자신의 건강, 재산, 명예를 합리적이고 일관성 있게 관리하는 덕목이다. 이는 벼락부자가 되는 길은 아닐지라도, 장기간 자신의 재산을 안전하게 유지하고, 타인의 신뢰를 얻으며, 결국에는 점진적으로 부를 증진시키는 가장 도덕적이고 건실한 방법이다.

스미스는 이처럼 인간의 내면 깊숙한 심리(인정 욕구)와 합리적인 윤리(신중함)가 결합하여 경제 시스템의 도덕적 토대를 이루고, 결국은 국부(國富)까지 이끌어 낸다고 보았다. 부는 외적인 재산 이전에, 타인의 마음속에 심어진 당신의 평판이라는 것이다.

최인호의 『상도』

최인호의 소설 『상도』는 조선 후기의 거상 임상옥의 일대기를 그린 작품으로, 단순히 재물을 모으는 기술이 아닌 '인간을 남기는 큰 장사'를 추구하는 올바른 상업 정신(商道)을 '부자 되는 법'의 핵심으로 제시한다.

- 장사는 이문을 남기는 것이 아니라 사람을 남기는 것이 진정한 성공이며, 위기를 기회로 바꾸는 '부의 비결'을 온몸으로 증명해 보이는 것이다.

19

돈을 불태워 '사람'을 얻다

 조선 후기의 거상 임상옥. 그의 성공은 단순히 물건을 사고파는 기술이 아닌, '사람을 남기는 큰 장사'를 추구하는 올바른 상업 정신, 즉 상도(商道)에 있었다. 최인호의 소설 『상도』는 임상옥의 파란만장한 일대기를 통해, 재물을 물처럼 흘려보냄으로써 오히려 영속적인 부를 축적한다는 역설적인 '부의 비결'을 제시하고 있다.

- 재물은 평등하기가 물과 같다

 임상옥의 상도는 그의 스승인 석숭 스님에게 받은 계영배(戒盈盃)에서 시작된다. 이 잔은 술을 가득 채우면 모두 흘러넘치고, 8할 정도만 채워야 온전히 담을 수 있도록 만들어졌다. 이 가르침을 통해 임상옥은 **"재물은 평등하기가 물과 같고(財上平如水), 사람은 바르기가 저울 같**

다(人中直似衡)"라는 좌우명을 얻는다. 진정한 부의 비결은 돈을 독점하거나 집착하는 것이 아니라, 물처럼 필요한 곳에 흐르게 하고 순환시켜야 그 가치가 실현된다는 말이다. 임상옥은 절제와 청빈의 정신을 '부의 비결'로 삼았는데, 이는 재물을 쌓아두면 썩듯이 독점하면 자신을 파멸시킨다는 것을 알았기 때문이다.

- 이문(利文)이 아닌 자존심을 팔다

청나라 상인들이 담합하여 조선 홍삼 가격을 부당하게 낮추자, 임상옥은 생존의 위기에 처한다. 청 상인들은 불매 동맹을 결성하여 임상옥을 압박했지만, 그는 가격을 깎는 대신, "인삼은 이문(利文)을 남기는 물건이 아니라, 조선 상인의 자존심이다"라며 모든 인삼을 쌓아놓고 불태워 버리겠다는 배짱을 보였다. 이 파격적인 행동은 청 상인들에게 '저 사람은 돈보다 신용과 기개를 중요시하는 인물'이라는 강렬한 신뢰와 충격을 주었다. 결국 그들은 임상옥이 요구하는 정당한 가격에 굴복하여 홍삼을 사들인다. 이 일화는 '부의 비결'이 당장의 이익보다 소신과 신용이라는 '사람을 남기는 큰 장사'에 있음을 증명했으며, 임상옥은 이를 통해 대청 무역에서 독보적인 지위를 확보하게 된다.

- 돈을 버려야 사람을 얻는다

연경 무역에서 상단이 큰 손해를 보고 빚더미에 앉는 위기가 닥쳤을 때, 임상옥은 스님에게 받은 세 가지 비결 중 '죽을 사(死)' 자의 의미를 되새긴다. 이는 단순히 목숨을 걸라는 결의를 넘어, 탐욕을 버리고 무소유의 정신으로 돌아가라는 깨달음이었다. 임상옥은 "어차피 죽을 고비를 넘길 바에야"라며 자신의 전 재산을 털어 동료 상인들의 빚을 탕감해 주고 금덩어리까지 줘여 고향으로 돌려보냈다. 그는 이 사건으로 당장 돈은 모두 잃었지만, 동료 상인들의 무한한 신뢰와 충성이라는 가장 큰 무형의 재산을 얻는다. 임상옥은 장사는 이문을 남기는 것이 아니라 사람을 남기는 것이 진정한 성공이며, 위기를 기회로 바꾸는 '부의 비결'을 온몸으로 증명해 보인 것이다.

아리스토텔레스의 『니코마코스 윤리학』

아리스토텔레스의 『니코마코스 윤리학』은 인간의 궁극적인 목표인 행복(Eudaimonia)에 도달하기 위한 실천적인 덕(德, Virtue)을 탐구한다. 이 책에서 '부의 비결'은 재산을 불리는 기술이 아닌, 재물을 현명하게 다루는 윤리적 능력을 갖추는 것을 의미한다. 아리스토텔레스는 부를 '외부적인 재화(External Goods)'로 보고, 이를 올바르게 사용하는 '관대함'과 '장려함'이라는 덕목을 통해 진정한 풍요로움에 이르는 길을 제시한다.

- 돈을 버는 행위는 목적이 아니라, 고귀한 행위를 가능하게 하는 도구적 가치(Tool)를 지니게 하는 것이다.

20

돈을 '잘 쓰는 것'이
진짜 부의 비결이다

 고대 그리스의 현자, 아리스토텔레스가 우리에게 던진 질문은 단순하다. "당신은 진정으로 행복한 부자인가?" 그의 대답은 통장 잔고가 아니라 '돈을 다루는 당신의 윤리적 능력'에 달려 있다고 한다. 아리스토텔레스의 역작, 『니코마코스 윤리학』은 재산을 불리는 기술이 아닌, 재물을 현명하게 다루어 진정한 풍요에 이르는 실천적 덕(德)을 탐구하는 안내서이다.

- 관대함(Generosity)이 돈 쓰는 행위의 '황금 중용'이다

 아리스토텔레스 철학의 핵심은 중용(中庸)이다. 덕(德)은 언제나 '극단과 극단 사이의 완벽한 중간 지점'에 위치한다는 가르침이다. 그렇다면 재물을 다루는 행위, 즉 돈을 주고받는 일의 중용은 무엇일까? 바로 관대함

(Generosity)이다. 관대함은 무분별하게 돈을 쏟아붓는 낭비와, 움켜쥐고 놓지 않는 인색함이라는 두 가지 극단 사이의 아름다운 균형이다.

진정으로 관대한 사람은 단순히 돈을 많이 쓰는 사람이 아니다. 그들은 '적절한 때에, 마땅히 주어야 할 사람에게, 합당한 목적(고귀함, 훌륭함)을 위해 적절한 양'을 지출할 줄 아는 사람이다. 아리스토텔레스에게 진정한 부자는 돈을 많이 가진 사람이 아니라, 돈을 '올바르게' 사용하는 사람이다. 재물은 그 자체로 목적이 아니라, 고귀하고 덕 있는 삶을 실현하기 위한 도구일 뿐이다.

- 장려함(Magnificence)이 큰 부자의 공적인 사명이다

당신이 큰 부를 소유했다면, 아리스토텔레스는 일상적인 관대함을 넘어선 더 높은 차원의 덕, 바로 장려함(Magnificence)을 요구한다. 이는 부의 규모에 걸맞은 공적인 책임을 의미하는 것이다. 장려한 사람은 개인적인 사치에 몰두하지 않는다. 그들은 자신의 큰 재산을 공적이고 장엄한 목적을 위해 아낌없이 지출할 줄 아는 사람이다. 예를 들어, 도시의 축제를 성대하게 후원하거나,

모두에게 이익이 되는 공공건물을 짓거나, 국가를 위한 전함을 건조하는 일에 거액을 사용한다. 이는 단순히 부를 자랑하기 위함이 아니라, 고귀한 목적에 봉사하고 공동체에 깊이 기여하는 데 목적이 있다. 아리스토텔레스는 부가 많을수록 개인의 만족을 넘어선 공적인 봉사의 의무가 커진다고 보았다.

- 부(富)는 행복을 위한 필수적인 '도구'이다

아리스토텔레스의 궁극적인 목표는 인간의 행복(Eudaimonia)에 있었다. 그는 행복이 이성적인 덕의 활동에서 나온다고 보았지만, 이 활동을 제대로 펼치기 위해서는 물질적인 조건, 즉 부가 필수적임을 인정했다. 부는 명예, 친구 등과 함께 '외적인 재화(External Goods)'에 속한다. 부는 행복 그 자체는 아니지만, 행복한 삶을 누리기 위해 반드시 필요한 수단인 것이다. 예를 들어, '관대함'이라는 덕을 실천하고 싶어도 베풀 돈이 없으면 그 덕을 드러낼 수 없다. 사회에 큰 공헌을 하는 '장려함'도 거대한 재물을 전제로 할 때 이루어진다.

결국 아리스토텔레스에게 돈을 버는 행위는 목적이 아니라, 고귀한 행위를 가능하게 하는 도구적 가치(Tool)를 지니게 하는 것이다. 그는 부를 개인적인 욕망의 대상이 아닌, 윤리적이고 공적인 삶을 위한 필수적인 자원으로 보았던 것이다. 부를 올바르게 사용하는 '중용의 덕'이야말로 진정한 의미의 풍요와 행복을 완성하는 길이라고 생각한 것이다.

모든 꽃은 저마다의 향기가 있다 마음집

김주영의 대하소설 『객주』

김주영의 대하소설 『객주(客主)』는 19세기 말 조선 팔도를 누비던 보부상 천봉삼의 파란만장한 삶을 통해, 격동하는 시대 속에서 상인으로서의 도리(商道)와 정의로운 부(富)를 축적하는 법을 깊이 있게 다루고 있다. 『객주』에서 제시하는 '부자 되는 법'은 단순히 돈을 많이 버는 기술이 아니라, 인간적 신뢰와 의리를 바탕으로 하는 상도이다.

- '부의 비결'은 그 기초가 겉으로 화려한 재산이 아닌, 근면함, 현장성, 그리고 상업 지식에 있다.

21

장사는 돈을 남기는 것이 아니라
사람을 남기는 것이다

 19세기 말, 조선 팔도는 격변하는 시대의 풍랑 속에 있었다. 산길을 누비고 장터를 오가던 보부상들에게 '돈'은 목숨을 건 생존이자 곧 삶의 목표였다. 김주영의 대하소설 『객주(客主)』는 주인공 천봉삼의 파란만장한 삶을 통해 상도(商道)가 돈보다 위대한 가장 확실한 '부의 비결'임을 알려준다.

- "장사는 곧 사람이다"
 주인공 천봉삼의 성공 비결은 간단하면서도 위대했다. 바로 '사람을 남기는 장사'였다. 그는 어려움에 처한 동료 보부상이나 객주에게 금전적인 이익을 따지기보다, 자신의 재산을 희생해서라도 의리와 정의를 지켰다. 보부상처럼 전국을 떠돌아다니는 상인들에게 신뢰는 돈보다 귀한 최고의 자산이었다. 천봉삼은 눈앞의 이익에 급급해 사람을 잃으면 결국 큰 장사를 할 수 없다는 "상즉인(商卽人: 장사는 곧 사람이다)"의 정신을 몸소 실천했다. 사람의 마음을 얻는 것이 곧 큰 재물로 돌아오는 상업의 본질임을 행동으로 보여준 것이다.

- 모래성 위에 쌓은 부, 길소개의 몰락

천봉삼과 대척점에 선 인물은 라이벌 길소개다. 그 역시 밑바닥에서 시작했지만, 오직 재물과 권력만을 좇아 수단과 방법을 가리지 않았다. 그는 탐욕에 눈이 멀어 동료를 배신하고, 관청과 결탁하는 부정한 방법으로 부를 축적하려 했다. 『객주』는 길소개의 행태를 통해, 윤리 없는 부는 결국 모래성과 같아 오래가지 못하며 개인의 파멸을 초래한다는 냉엄한 교훈을 준다. 길소개는 정경유착과 무도덕성이 난무했던 당대 상인 사회의 어두운 단면을 상징한다. 상도(商道)라는 원칙만이 진정한 부와 성공을 보장함을 극명하게 대비시킨 것이다.

- 땀과 현장 정신이 낳은 토착 자본

소설은 보부상들이 산길을 넘나들며 물건을 옮기고, 객주를 통해 창고, 금융, 위탁 판매 등 복합적인 상업 활동을 수행하는 생생한 현장을 묘사한다. 천봉삼 역시 힘든 육체적 노동과 치열한 흥정, 그리고 상품의 가치를 꿰뚫어 보는 정확한 시장 판단력을 통해 재산을 불려 나간다.

이러한 기록은 '부의 비결'은 그 기초가 겉으로 화려한 재산이 아닌, 근면함, 현장성, 그리고 상업 지식에 있음을 보여준다. 보부상의 삶은 고통스러웠지만, 땀 흘린 노력과 물류를 이해하는 능력이 곧 수익의 원천이었다. 이는 성실한 노동과 윤리적 신뢰를 통해 기반을 다지는 건전한 토착 자본의 성장 방식을 제시한 것이다.

김주영의 『객주』가 던지는 메시지는 시대를 초월한다. 진정한 부자는 돈을 많이 버는 기술자가 아니라, 의리와 신뢰를 지켜 사람의 마음을 얻는 상인이며, 이 원칙만이 격동하는 세상 속에서 영원한 성공을 보장한다는 것이다.

에밀 졸라의 『대지』

에밀 졸라의 『대지(La Terre)』는 19세기 프랑스 농촌을 배경으로, 땅과 돈에 대한 농민들의 원초적인 집착과 욕망이 어떻게 인간성을 파괴하고 비극을 초래하는지를 보여주는 자연주의 문학의 걸작이다. 이 소설에서 '부자 되는 법'은 곧 '땅을 소유하고 지키기 위해 인간성을 버리는 법'과 다름없다.

- '부의 비결'은 단순히 땅을 얻는 것이 아니라, 그 땅을 지키기 위해 영원히 이웃과 다투고, 끊임없이 물질적 이득을 계산해야 하는 삶이다.

흙 속에 묻은 영혼

19세기 프랑스 농촌. 이곳은 낭만적인 전원이 아니었다. 에밀 졸라의 『대지(La Terre)』는 땅(La Terre)을 단순한 재산이 아닌 원초적인 신(神)처럼 숭배하는 농민들의 집착이 어떻게 인간성을 파괴하고 가족을 살해하는지를 보여주는 충격적인 보고서다. 이 소설에서 '부의 비결'은 곧 "땅을 소유하기 위해 인간성을 버리는 법"과 다름없다.

- 땅을 쪼개자마자 시작된 가족의 비극

노쇠한 농부 푸앙(Fouan)은 자신의 토지를 자식들에게 미리 분할해 주기로 결정한다. 그는 자신이 평생을 바쳐 일군 땅이 자식들의 보살핌을 보장해 줄 것이라 순진하게 믿었다. 하지만 이 토지 분할은 노인을 위한 약속된 연금(돈과 식량)을 누가 얼마나 부담할지, 그리고 비옥한 땅 조각을 누가 가질지를 두고 세 자녀와 사위 사이에서 극심한 탐욕과 시기심을 불러일으킨다. 자식들은 노인의 약속된 연금을 한 푼이라도 덜 주려 했고, 결국 은밀한 저축 채권까지 쟁취하려 노인을 폭행한다. 이 갈등은 셰익스피어의 『리어 왕』처럼 가족 구성원 간의 배신, 폭력, 그리고 궁극적으로 노인의 살해로 이어지는 비극의 씨앗이 된다. 땅은 그들의 영혼을 좀먹는 독이었다.

- 결혼이라는 잔혹한 거래

이 농촌 사회에서 결혼(Marriage)은 사랑이나 감정이 아니라 철저히 땅을 늘리는 수단이었다. 남성들은 더 많은 땅을 상속받은 여성을 찾았고, 여성들 역시 땅과 돈을 가진 남성에게 시집가는 '상품(commodity)'처럼 취급되었다. 졸라가 보여준 '부의 비결'은 여성의 몸과 노동력을 이용해 토지 소유를 확장하는 것이었다. 땅에 대한 집착은 인간의 도덕적 감정을 파괴하는 데 그치지 않고, 성(性)과 결혼이라는 원초적인 인간관계마저 물질적인 거래로 전락시켰다. 땅의 다산성(fecundity)에 대한 농민들의 집착은, 아이러니하게도 인간 사회에서 야수적이고 조잡한 삶의 태도를 낳았다.

- 영원히 채워지지 않는 저주

푸앙의 토지가 분할된 후에도 비극은 끝나지 않았다. 자식들은 한 치의 땅이라도 더 갖기 위해 끝없이 다투고 법정에 호소한다. 이웃 간의 사소한 경계 침범, 가축 분쟁 등 모든 것이 '마지막 한 푼(sou)'이라도 쥐어 짜내려는 탐욕의 법정 싸움으로 이어진다. 이는 땅을 소유하려는 농민들의 욕망이 소유 후에도 절대 채워지지 않는 '저주'임을 강조한다. '부의 비결'은 단순히 땅을 얻는 것이 아니라, 그 땅을 지키기 위해 영원히 이웃과 다투고, 끊임없이 물질적 이득을 계산해야 하는 삶인 것이다. 졸라는 이처럼 땅을 둘러싼 끝없는 탐욕과 소송이 농민 사회 전체의 불신과 도덕적 타락을 심화시키는 주된 동력임을 냉혹하게 보여주고 있다.

헨리 제임스의 『데이지 밀러』

헨리 제임스의 『데이지 밀러(Daisy Miller)』는 '부의 비결'을 직접적으로 제시하기보다, 신흥 부유층(미국)의 막대한 재산과 구세계 상류층(유럽 및 유럽에 정착한 미국인)의 사회적 규범 사이의 문화적 충돌을 통해 돈이 개인의 명성과 운명에 미치는 영향을 조명한다.

- 돈만으로는 결코 '명성'이나 '운명'을 살 수 없다.

㉓

돈만으로
'품위'를 살 수 없다

19세기 말, 미국의 신흥 부자들은 유럽으로 쏟아져 들어갔다. 산업화로 막대한 재산을 축적한 그들에게 유럽 여행은 재력을 과시하는 '그랜드 투어'였다. 헨리 제임스의 『데이지 밀러(Daisy Miller)』는 이 막대한 재산을 가진 미국의 젊은 여성과, 그녀의 자유를 '천박함'으로 규정한 유럽 상류 사회의 냉혹한 문화 충돌을 그린 비극이다.

- '돈이 곧 자유', 신세계 부자의 무지한 과시

주인공 데이지 밀러는 뉴욕의 벼락부자 집안 출신으로, 어머니와 남동생을 데리고 스위스와 로마를 활보한다. 그녀의 여행은 아버지가 미국에서 벌어들인 막대한 재산 덕분에 가능했다. 이 재산은 데이지에게 경제적 자유와 극도의 개인적 자유를 선사했다. 데이지는 돈으로 모든 것을 살 수 있다고 믿는 신세계의 순수함(혹은 무지)을 상징한다. 그녀는 남자와 단둘이 산책하고, 파티에 자유롭게 참석하며, 유럽 상류층이 중요시하는 복잡하고 엄격한 사회적 관습에 대해서는 무관심한다. 그녀의 막대한 부는 '돈만 있고 격식은 없는 천박함'으로 비치기 시작한다.

- '품위'가 재산을 이기다

유럽에 오래 거주하여 구세계의 관습에 익숙해진 미국인 코스텔로 부인에게 데이지의 행동은 충격적이었다. 그녀는 조카 윈터본이 데이지에게 관심을 보이자, 데이지 가족을 "천박하여 받아들일 수 없다(vulgar)"라고 단언하며 만남을 거부한다.

코스텔로 부인은 사회적 규범의 우위를 대변한다. 이들에게 상류층의 지위는 단순히 물려받은 재산이 아니라, 수 세대에 걸쳐 전승된 '올바른 행동 규범(Propriety)'을 따르는 데서 나온다. 데이지의 재산이 아무리 많더라도, 그녀가 남성과 격식 없이 어울리는 행동을 하는 순간, 그녀는 사회적으로 '저급한 사람'으로 낙인

찍히고 상류 사회에서 배제된다. 유럽에서 '부의 비결'은 돈을 버는 것뿐 아니라, 그 돈을 쓰는 방식과 사회적 행동 규범을 숙지하는 것이 필수적임을 보여주는 냉혹한 심판이었다.

- 콜로세움의 비극, 돈으로도 구원해 주지 못한다

로마에서 데이지는 모두의 경고를 무시하고 조바넬리라는 이탈리아 남자와 밤늦게까지 콜로세움 주변을 산책하다가 로마열(Roman Fever)에 걸려 젊은 나이에 사망하게 된다. 데이지의 비극적인 죽음은 그녀의 경제적 풍요와 자유가 사회적 편견과 고립을 막아주지 못했음을 보여준다. 그녀의 재산은 그녀에게 자유롭게 행동할 권리를 주었지만, 유럽 사회는 그 자유를 '음란함'이나 '천박함'으로 해석하고 그녀를 궁지로 몰았다. 결국 그녀는 사회적 심판으로 인해 육체적 파멸을 맞이했다. 이 비극은 신흥 부유층의 막대한 돈도 구세계의 경직된 도덕적 판단과 편견으로부터 개인을 구원해 주지 못했다는 냉혹한 결말을 남겼다. 돈만으로는 결코 '명성'이나 '운명'을 살 수 없었던 것이다.

『박씨전』

『박씨전』은 주인공 박씨 부인의 비범한 능력과 도술을 통해 여성 영웅주의와 민족적 자존심 회복을 다루는 소설이다. 이 작품에서 '부자 되는 법'은 세속적인 재산 축적을 넘어, 초월적인 능력(재덕)을 통해 가정의 부귀와 영화를 창출하고 국가적 위기까지 해결하는 재물의 근원적 가치를 보여준다.

– 진정한 '부의 비결'은 사적 성공을 넘어선 공적 기여에 있다.

24

3만 냥을 부르는
'보는 눈'

 조선 시대의 영웅 소설 『박씨전』은 단순한 영웅담이 아니다. 이 작품은 평범한 노동이나 노력으로는 상상할 수 없는 초월적인 능력(재덕)이야말로 진정한 부(富)와 명예의 원천임을 보여주는 유일무이한 '부의 비결'이다. 주인공 박씨 부인은 한 여인의 능력으로 가정을 일으키고 국가적 위기까지 해결하며, 재물의 근원적 가치를 새롭게 정의한다.

- 비루먹은 말이 3만 냥짜리 황금으로

 박씨 부인의 '부의 비결'은 시장을 꿰뚫어 보는 경영적 통찰에서 시작된다. 그녀는 남편 이시백에게 비루먹어(피부병 앓는) 형편없는 말 한 마리를 헐값에 사 오라고 한다. 박씨가 이 말을 정성껏 기르자 3년 만에 천리마(千

里馬)로 변했고, 그녀는 이 말을 중국 사신에게 3만 냥이라는 막대한 값에 팔아오게 했다. 이시백은 박씨의 말대로 행하여 가문에 엄청난 재산을 안기게 된다. 이 일화는 박씨의 뛰어난 감식안과 비범한 능력이 부를 창출하는 핵심임을 보여준다. 겉으로는 쓸모없는 것에서도 잠재된 가치를 찾아내어 그것을 100배의 이익으로 극대화하는 통찰력이야말로, 단순한 노동을 넘어선 천부적인 부의 비결임을 말해주고 있다.

- 추녀(醜女) 속에 숨겨진 '부귀영화 창조자'

박씨는 처음 시집왔을 때 추한 용모와 악취 때문에 남편과 시아버지에게 외면당했다. 박씨는 후원에 피화당(避禍堂)을 짓고 홀로 거처해야 했다. 그러나 이 시기에 박씨는 도술과 지혜로 이시백의 장원 급제를 돕고, 집안의 모든 대소사를 풍족하게 꾸려 나간다.

박씨의 추한 외모는 겉모습만 중시하는 세속적인 시선과 가난함을 상징적으로 대비시킨다. 이 일화는 진정한 재물은 외모나 신분에 있는 것이 아니라, 숨겨진 능력(才

德)과 지혜에서 비롯된다는 점을 보여준다. 숨겨진 능력이 실질적인 부귀(富貴)와 명예(榮華)를 창출했을 때 비로소 액운이 사라지고 절세미인이 되는 외적인 보상까지 뒤따라온다는 이야기다.

- 재물의 최종 목표, 나라를 부강하게 하라

박씨의 능력은 단순히 개인의 부를 축적하는 데 그치지 않았다. 병자호란이 발발하자, 박씨는 오색구름, 옥화선 등 비범한 도술을 발휘하여 오랑캐 장수 용골대의 군대를 궤멸시킨다. 전쟁 후, 임금은 박씨에게 충렬부인(忠烈夫人)의 칭호를 내리고, 이시백은 영의정에 오르는 등 집안은 최고의 명예와 영속적인 부를 누리게 된다. 이 일화는 개인의 잠재적 재능과 축적된 자산이 국가적 위기를 극복하는 공익적인 목표에 사용될 때, 비로소 최고의 명예와 영원한 부로 완성된다는 점을 강조한다. 『박씨전』은 단순한 '개인 부자'가 아니라, 나라를 부강하게 만드는 영웅적 자산의 가치를 보여주며, 진정한 '부의 비결'은 사적 성공을 넘어선 공적 기여에 있음을 말하고 있다.

제인 오스틴의 『오만과 편견』

제인 오스틴의 소설 『오만과 편견』에서 '부자 되는 법'은 오늘날의 의미와는 다르며, 주로 여성에게는 '유리한 결혼'을 통해 재산과 사회적 지위를 확보하는 것을 의미한다. 당시 여성은 상속권이 제한적이었고 직업을 가질 수 있는 기회가 극히 적었기 때문에, 결혼은 사회적 안정과 경제적 안정을 얻을 수 있는 거의 유일한 수단이었다.

- 진정한 행복은 돈이 이상의 가치와 결합될 때 온다.

25

여성들이 '부자 되는 법'

"재산을 가진 독신 남성은 반드시 아내가 필요하다는 것은 보편적인 진리다." 1813년, 제인 오스틴은 소설 『오만과 편견』의 첫 문장을 통해, 이 시대 여성들에게 '부자가 되는 법'은 오늘날의 창업이나 투자가 아닌, '유리한 결혼' 단 하나였음을 선언한다.

- 결혼은 생존이다

베넷 가문의 다섯 딸에게는 끔찍한 시한폭탄이 걸려 있었다. 아버지 베넷 씨가 돌아가시는 순간, 롱본 저택은 법에 따라 가장 가까운 남자 친척인 콜린스 씨에게 '한정 상속(entail)'된다. 다섯 모녀는 집을 잃고 경제적 빈곤에 처할 위기에 놓인 것이다. 베넷 부인이 딸들을 부유한 남성과 결혼시키려고 필사적으로 매달리는 것은 이기심이 아닌, 생존 본능이었다. 딸들의 '결혼 성공'은 가족 전체의 경제적 몰락을 피하고, 어머니의 노후까지 책임질 수 있는 유일한 '부의 비결'이자 보험이었기 때문이다.

- 사랑보다 안정, 샬럿 루카스의 냉철한 선택

주인공 엘리자베스의 친구인 샬럿 루카스는 이 잔인한 현실을 가장 냉철하게 받아들인다. 외모나 배경이 출중하지 않은 샬럿에게 결혼 시장은 가혹했다. 그녀는 애정이 없다는 것을 알면서도, 롱본을 상속받을 예정이며 안정적인 직업(목사)을 가진 콜린스 씨의 청혼을 즉시 받아들인다. 샬럿에게 **"결혼은 여성이 안전한 안식처를 얻기 위한 유일한 방법"**이었다. 그녀의 결혼은 사랑이라는 사치를 포기하고, 경제적 안정을 최우선으로 삼아야 했던 당시 중산층 여성들의 실용주의적이고 비장한 '부자 되는 법'을 대변한다. 그녀에게 콜린스 씨의 안정적인 수입과 상속권은 몰락으로 가는 절벽 앞에서 잡은 구명줄이었다.

- 다아시와 빙리, '선택하는 자'의 권력

소설에 등장하는 부유한 독신 남성, 빙리 씨(연간 4,000파운드)와 다아시 씨(연간 10,000파운드)의 등장은 이들에게 부(富)가 곧 '결혼 시장에서의 절대 권력'임을 보여준다. 다아시의 막대한 재산과 대대로 이어진 영지는 그를 당대 최고의 신랑감으로 만들었고, 그의 부는 엘리자베스의 낮은 가문 배경을 무시하는 오만함의 근거가 되었다. 빙리 역시 '신흥 부자'였고, 그의 수입 규모도 그를 모든 여성의 선망의 대상으로 만들었다.

이 두 남성의 재산 규모는 그들이 '선택하는 자'의 위치에 있음을 명확히 보여준다. 그들의 부 자체가 곧 그들의 사회적 가치였고, 많은 여성과 가족들이 이들을 통해 부와 지위를 획득하고자 했다.

엘리자베스 베넷은 결국 다아시와의 결혼이 가장 성공적인 '부의 비결'이라고 말하지만, 그녀의 성공은 샬럿과 달리 오만과 편견을 넘어선 진실한 사랑을 통해서였다. 오스틴은 이 작품을 통해 여성에게 결혼이 생존 수단인 현실을 인정하면서도, 진정한 행복은 돈 이상의 가치와 결합될 때 온다는 희망을 남겼다.

막스 베버의
『프로테스탄티즘의 윤리와 자본주의 정신』

막스 베버(Max Weber)의 『프로테스탄티즘의 윤리와 자본주의 정신』은 서구 자본주의 발전의 근본적인 동기가 단순히 경제적 요인(예: 지리적 조건, 기술 발전)이 아니라, 종교적 윤리, 특히 칼뱅주의(Calvinism)와 같은 프로테스탄트 윤리에서 비롯되었다는 혁명적인 주장을 담고 있다. 베버에게 '부자 되는 법'은 종교적 소명과 합리적인 금욕주의의 결과였다.

- '노동을 신성한 소명으로, 절약을 구원의 윤리'로 삼은 독특한 정신적 토대가 서구 자본주의를 탄생시켰다.

26

베버가 발견한
'부자들의 종교 코드'

 혹시 당신은 부자들이 남다른 '절약 정신'이나 '시간 엄수 습관'을 가진 것을 본 적 있는가? 경제학자들은 이 모든 것을 단순히 '합리적인 습관'이라고 설명했지만, 독일의 사회학자 막스 베버는 "아니, 그 뿌리는 종교에 있소!"라고 외치며 세상을 뒤집었다.

 그의 역작 『프로테스탄티즘의 윤리와 자본주의 정신』은 서구 자본주의가 폭발적으로 발전한 비결이 금은보화나 지리적 이점이 아닌, 16세기 종교개혁에서 비롯된 프로테스탄트(개신교) 윤리에 있다고 주장한다. 베버에게 '부자의 비결'은 영혼의 구원을 얻기 위한 치열한 종교적 투쟁의 결과였다.

- 소명(Calling)으로서의 직업관

비결의 첫 번째 코드는 '소명(Calling)으로서의 직업관'이다. 종교개혁 이전, 신성한 일은 성직자들만의 몫이었다. 하지만 루터와 칼뱅은 평범한 상인, 기술자, 농부의 일상 노동 또한 신이 부여한 '소명(Beruf)'이라고 선언했다. 직업이 곧 신앙심을 증명하는 제단이 된 것이다.

이제 노동은 단순한 생계 수단이 아니었다. 일터에서 성실하고 근면하게 일하며 성공하는 것은 "나는 구원받을 자격이 있습니다"를 신에게 보여주는 신앙적 의무가 되었다. 즉, 돈을 많이 버는 행위 자체가 세속적인 성공을 넘어 구원의 징표가 된 것이다.

- 합리적 금욕주의

두 번째 비결은 '합리적 금욕주의'이다. 칼뱅주의의 무서운 예정설(Predestination)은 신자들을 불안하게 만들었다. "내가 천국에 갈까, 지옥에 갈까?" 그 불안감을 해소하기 위해 신자들은 세상에서 성공과 부를 끊임없이 추구하면서도, 그 부를 사치와 쾌락에 쓰는 것은 신의 뜻을 거역하는 죄악으로 여겼다. 그 결과, 프로테스탄트 신자들은 미친 듯이 근면하게 일해 돈을 벌고(소명), 철저하게 금욕하며 돈을 쓰지 않았다(절약). 모인 돈은 낭비되지 않고 오직 더 큰 생산을 위한 재투자(자본 축적)에 사용되었다. 베버는 이처럼 '일과 절약'이 결합하여 쉬지 않고 증식되는 자본 축적의 메커니즘이야말로 자본주의 정신의 핵심이라고 보았다.

여기에 더해, 벤저민 프랭클린의 유명한 격언 **"시간은 돈이다(Time is Money)"**에서 보듯, 프로테스탄트들은 시간을 낭비하는 것 역시 죄악으로 간주했다. 신의 뜻을 실현할 수 있는 '소명'의 시간을 허투루 쓰는 것은 도덕적으로 용납될 수 없었기 때문이다.

베버는 이처럼 '노동을 신성한 소명으로, 절약을 구원의 윤리로' 삼은 독특한 정신적 토대가 서구 자본주의를 탄생시켰다고 결론 내렸다. 부자의 비결은 더 이상 단순한 경제학적 문제가 아니라, 종교적 믿음과 합리적 생활습관이 낳은 역사적 산물이었던 것이다.

괴테의 『파우스트』

괴테의 『파우스트』는 단순한 재산 축적을 넘어선 인간의 끝없는 욕망과 궁극적인 구원의 문제를 다룬다. 이 작품에서 '부의 비결'은 메피스토펠레스(Mephistopheles)와의 계약을 통해 달성되는데, 이는 물질적 풍요가 영혼과 맞바꾸는 대가임을 보여주는 비극적인 교훈을 담고 있다.

- **부자가 되는 가장 빠른 길은 종종 영혼을 갉아먹는 대가를 요구한다. 그러나 진정한 풍요는 결국 소유를 넘어선 공적인 기여와 노동의 가치 회복에 있다.**

27

영혼을 팔아
'부자 되는 법'

"무엇을 해도 만족할 수 없다!" 평생을 학문에 바쳤으나 공허함에 시달리던 파우스트 박사. 그는 단순한 부(富)를 넘어선 '인간의 끝없는 욕망'을 상징한다. 그리고 그의 욕망은 가장 빠르고 위험한 '부의 비결'로 이어진다. 바로 악마 메피스토펠레스와의 계약이다.

- 악마의 유혹, 가치를 영혼과 맞바꾸다

파우스트는 무한한 지식, 쾌락, 그리고 부를 대가로 내건다. "멈춰라, 너는 정말 아름답구나!"라고 외치며 이 순간에 완전히 만족하는 순간, 영혼을 메피스토에게 넘기기로 약속한다. 이 계약은 오늘날 우리에게도 섬뜩한 교훈을 준다. 눈앞의 물질적 풍요와 빠른 성공은 종종 인생의 가장 소중한 가치(도덕성, 평온, 영혼의 구원)를 희생시켜야 얻을 수 있음을 암시한다. 메피스토는 마법을 통해 파우스트에게 부와 권력을 안겨주지만, 그 대가는 영혼의 파멸이었다.

- 종이 위의 마법, 가짜 부(虛富)의 탄생

파우스트에서 말하는 '부의 비결'은 단순한 돈벌이를 넘어, 시스템을 조작하는 단계로 진화한다. 황제의 재정 위기를 해결하기 위해 파우스트와 메피스토는 기상천외한 아이디어를 낸다. 바로 지폐(종이돈) 발행이다.

실제 금이나 은이 아닌, '미래에 캐낼 광산의 가치'를 담보로 종이돈을 찍어내는 마법. 당장 궁정은 풍요로워지고 사람들은 환호했지만, 이는 실질적인 노동이나 자원이 부족한 '가짜 부(虛富)'였다.

괴테는 이 사건을 통해 21세기에도 만연한 실체 없는 투기와 금융 시스템의 조작, 그리고 인플레이션의 위험성을 예견했다. 진정한 부가 생산에서 나오지 않고 단순한 조작에서 발생할 때, 사회는 혼란과 붕괴에 이르게 된다는 경고였던 것이다.

- 최후의 깨달음, 공공을 위한 삽질

 파우스트는 쾌락과 사치, 권력의 단맛을 모두 보았지만, 약속했던 '완벽한 만족'의 순간은 오지 않았다. 생의 마지막 순간, 그는 대규모 간척 사업에 몰두한다. 바다를 막아 수많은 사람들의 생계를 안정시킬 새로운 땅을 만드는 공적인 노동이었다. 마지막 순간, 그는 비로소 외친다. "멈춰라, 너는 정말 아름답구나!"

 파우스트가 참된 만족(궁극적인 부)을 발견한 곳은 사적인 쾌락이 아닌, '의미 있는 창조적 노동'과 '공동체에 대한 기여' 속이었다. 괴테는 이를 통해 진정한 부는 소유와 향락을 위한 악마와의 계약이 아니라, 인간의 능력을 활용해 세상에 효용을 창조하는 행위에서 비롯됨을 보여준다.

 『파우스트』의 비극적 교훈은 오늘날에도 유효하다. 부자가 되는 가장 빠른 길은 종종 영혼을 갉아먹는 대가를 요구한다. 그러나 진정한 풍요는 결국 소유를 넘어선 공적인 기여와 노동의 가치 회복에 있음을 괴테는 역설한다.

존 러스킨의 『경제학』

존 러스킨은 19세기 산업 혁명으로 야기된 물질만능주의와 빈부격차를 목격하며, 당시 주류 경제학(애덤 스미스, 리카도 등)을 격렬하게 비판했다. 그에게 진정한 '부자의 비결'은 단순한 재산 축적이 아니라, 공동체와 생명을 고귀하게 만드는 윤리적 행위였다.

- 진정한 풍요는 '얼마나 가졌는가'가 아니라, '무엇을 만들고, 어떻게 나누는가'에 달려 있다.

28

악재란 사회에
병폐와 죽음을 가져오는 재산이다

 19세기 영국, 산업혁명의 검은 연기가 하늘을 뒤덮을 때였다. 모두가 '부자 되세요'를 외치며 애덤 스미스의 보이지 않는 손을 찬양할 때, 콧수염을 기른 한 신사가 단호하게 손사래를 쳤다. "아니, 당신들이 아는 부는 가짜입니다!" 그가 바로 예술 비평가이자 사회 사상가, 존 러스킨이다. 러스킨은 당시 주류 경제학을 향해 이렇게 외쳤다. "당신들이 부르는 '부(Wealth)' 중 상당수는 사실 '악재(Illth)'입니다!"

 '악재(Illth)'란 무엇일까? 쉽게 말해, '사회에 병폐와 죽음을 가져오는 재산'이다. 노동자를 쥐어짜서 만든 싸구려 옷, 환경을 파괴하며 얻은 석탄, 전쟁을 부추기는 무기. 누군가의 금고를 채울지는 몰라도, 공동체의 건강한 숨결을 앗아가는 모든 것이 '악재'다.

러스킨에게 진정한 '부(Wealth)'는 달랐다. 그것은 깨끗한 물, 좋은 교육, 아름다운 예술, 그리고 무엇보다 '고귀하고 행복한 인간의 삶' 그 자체였다. 돈을 아무리 쌓아 올려도, 그 돈이 생명을 파괴하고 정의를 짓밟는 데 쓰인다면, 그것은 부가 아니라 사회를 병들게 하는 독(毒)이라는 것이다.

그는 '부의 비결'을 근본적으로 재정의했다. 남을 밟고 올라서는 제로섬 게임이 아니라, '정의로운 임금(Just Wage)'을 통한 윤리적 교환이라고 주장했다. 노동의 가치는 시장의 냉정한 경쟁이 아닌, 인간의 존엄성과 생계유지에 필요한 가치로 정해져야 한다. 부자는 노동자에게 최소한의 임금을 주어 자신의 배를 불릴 자격이 없다. 진정한 부는 모든 구성원을 고귀하게 만들 때 비로소 생성되는 공동의 자산이기 때문이다.

결국 러스킨은 부의 진정한 시험대는 '소유'가 아니라 '사용'에 있다고 보았다. 금고에 갇힌 금화는 아무런 가치도 없지만, 그 돈이 아이들의 교육에, 혹은 모두가 누릴 아름다운 건축물에 쓰일 때 비로소 생명력을 얻는다.

러스킨의 경제학은 곧 윤리학이다. 부자가 된다는 것은 돈을 많이 모으는 행위가 아니라, 자신이 가진 자원을 인류의 삶을 이롭게 하는 '청지기적 책임'을 완수하는 과정이다.

21세기에도 여전히 빈부격차와 물질만능주의의 '악재'에 시달리는 우리에게, 러스킨은 묵직한 질문을 던진다. "당신의 부는 생명을 지키고 있는가, 아니면 재앙을 키우고 있는가?" 진정한 풍요는 '얼마나 가졌는가'가 아니라, '무엇을 만들고, 어떻게 나누는가'에 달려 있다는 그의 통찰은 오늘날에도 가장 빛나는 '부의 비결'인 것이다.

CHAPTER 3

정신적 자유와 자족의 원칙

노자의 『도덕경』

노자의 『도덕경』은 직접적으로 '부자 되는 법'을 알려주기보다는, 재물에 대한 태도와 욕심을 다스리는 지혜를 통해 진정한 의미의 풍요로운 삶에 이르는 길을 제시한다.

- 부자는 '가장 많이 가진 사람'이 아니라, '가장 적게 필요로 하는 사람'이며, '가장 많이 베푸는 사람'이다.

29

소유를 넘어,
'나눔의 순환'으로 얻는 영원한 풍요

우리는 종종 부(富)를 소유한 재물의 크기로 측정하지만, 노자(老子)의 『도덕경』은 이러한 외적 기준을 뒤엎고 진정한 부는 '마음의 지혜'에서 비롯된다고 말한다. 고대 바빌론이나 춘추전국의 거상들이 재산 증식의 기술을 가르쳤다면, 『도덕경』은 재물을 대하는 태도와 욕심을 다스리는 법을 통해 영속적인 평화와 풍요에 이르는 길을 제시한다. 이는 부를 목적으로 삼지 않고, 도(道)에 따른 삶의 방식을 실천함으로써 자연스럽게 얻게 되는 자족(自足)의 부이다.

『도덕경』이 제시하는 첫 번째 지혜는 **"만족함을 아는 것이 진정한 부(知足者富)"** 라는 가르침이다. 아무리 많은 재물을 쌓아도 끊임없이 '더'를 갈망하면 우리의 지갑은 영원히 비어 있는 듯한 결핍감을 느낀다. 그러나 노자는 "만족할 줄 아는 사람은 욕됨이 없고, 그칠 줄 아는 사람은 위태롭지 않으니, 오래도록 갈 수 있다"라고 했다. 진정한 부자의 마음은 외부의 소유물이 아니라, 자신의 내면에서 솟아나는 평온함과 족함에서 온다. 소유의 크기가 아닌 마음의 평온함이야말로 불필요한 경쟁과 위험으로부터 우리 자신을 지켜주는 가장 강력한 방패가 된다.

두 번째 지혜는 **"귀한 재물을 귀히 여기지 않음(不貴難得之貨)"**의 태도다. 노자는 지도자가 '얻기 어려운 재물을 귀하게 여기지 않아야 백성들이 도둑질하지 않는다'라고 가르친다. 이는 개인의 영역에서도 마찬가지다. 희소하고 귀한 재물에 집착하는 것은 끝없는 다툼과 사회적 혼란을 야기하며, 결국 개인의 평화를 깨뜨린다. 재물에 특별한 가치를 부여하지 않는 '무욕(無欲)'의 태도만이 불필요한 욕심의 사슬에서 벗어나게 하고, 마음의 안정이라는 궁극적인 풍요를 가져다준다.

마지막이자 가장 역설적인 지혜는 **"쌓아두지 않고 베**

푸는 덕(聖人無積)"이다. 노자는 "성인은 쌓아두지 않는다. 남을 위하면 더욱더 자신에게 있게 되고, 남에게 주면 더욱더 많아진다"라고 말한다. 재물을 개인적으로 움켜쥐려 할수록 그것은 정체되고 사라지기 쉬우나, 베풂을 통해 공동체에 이롭게 순환시킬 때 그 풍요로움은 다시 자신에게 돌아온다는 것이다.

 이러한 『도덕경』의 가르침은 부의 정의를 근본적으로 바꾼다. 부자는 '가장 많이 가진 사람'이 아니라, '가장 적게 필요로 하는 사람'이며, '가장 많이 베푸는 사람'이다. 외부의 화려한 재산 목록보다, 내면의 자족과 베풂의 순환을 통해 평화로운 삶을 구축하는 것. 이것이야말로 시대를 초월하여 흔들림 없는 진정한 부자의 길이다.

『장자』

『도덕경』의 노자 사상을 계승한 장자(莊子)에게 '부의 비결'은 물질적인 축재나 세속적 성공과는 거리가 먼, 정신적인 자유와 내면의 풍요를 얻는 길이다. 재물에 얽매이지 않고 자연의 도(道)에 따라 사는 삶이야말로 가장 풍요롭고 현명한 삶이라고 보았다.

- 외부의 잣대와 재물에 얽매여 자신을 소모하는 삶에서 벗어나, 내면의 자아를 보존하고 만물과 조화롭게 사는 정신적 풍요로움이 바로 부자의 길이다.

속박을 벗어난 자유, 장자(莊子)의 정신적 부자론

사마천이 현실의 부를 긍정하고 공자가 의로움을 통한 부를 추구했다면, 장자(莊子)는 이 모든 세속적 성공과 축재의 개념을 해체한다. 장자에게 '부의 비결'은 물질적인 축재나 세속적 성공과는 거리가 먼, 재물에 얽매이지 않는 정신적인 자유와 내면의 풍요를 얻는 길을 의미한다. 자연의 도(道)에 따라 '소요(逍遙)'하며 사는 삶이야말로 가장 풍요롭고 현명한 삶이라고 본 것이다.

- 쓸모없음의 큰 쓸모(無用之用)

장자는 '쓸모없음의 큰 쓸모(無用之用)'에서 진정한 이익을 찾는다. 세상이 재목으로 쓸 수 없다고 버려둔 커다란 상수리나무가 아무도 베지 않아 천수를 누리는 것처럼, 장자는 세속적인 기준에서의 '쓸모'가 오히려 경쟁과 소모를 낳아 화를 부른다고 역설한다. '쓸모 있는 사람(有用之用)'이 되기 위해 끊임없이 경쟁하고 자신을 소모하는 대신, 세상의 평가에 휩쓸리지 않고 자신만의 방식대로 존재하는 것이야말로 화를 피하고 평안을 누리는 '가장 큰 이익'이라고 보았다. 이는 재물을 좇아 자신을 소모하지 않고, 진정한 자아를 보존하여 정신적 부자가 되라는 가르침이다.

- 세속의 가치에서 벗어난 마음의 자유(逍遙遊)

장자는 북쪽 바다의 물고기 곤(鯤)이 거대한 새 붕(鵬)으로 변하여 구만 리 상공을 날아오르는 비유를 통해 마음이 자유로운 경지야말로 최고의 풍요임을 보여준다. 세속적 부와 명예에 얽매여 사는 사람은 좁은 웅덩이 속의 작은 물고기와 같다. 진정한 '부자'는 덧없는 이익이나 명예(작은 것에 얽매이는 마음)에서 벗어나, 정신적으로 광대한 경지인 도(道)를 깨닫고 만물과 조화를 이루며 자유롭게 노니는 사람이다. 풍요는 소유가 아닌, 내면의 자유와 해탈에서 오는 것이다.

- 재물을 흩뿌려 공적인 쓸모를 만들라

 장자는 재화가 쌓여 있을 때는 썩은 냄새를 풍기지만, 흩뿌려졌을 때 땅을 기름지게 한다고 보았다. 재물을 자신만을 위해 쟁여두는 행위는 정신적인 속박을 낳지만, 이를 순환시키고 세상에 이롭게 사용할 때 비로소 그 가치가 빛을 발한다. 이는 재물을 도구로만 활용하고 이에 집착하지 않을 때, 무용지용의 정신이 실현되고 진정한 덕망과 더 큰 의미에서의 정신적 부를 얻을 수 있다는 가르침이다.

 장자의 부자론은 현대인에게 '얼마나 가졌는가' 대신 '얼마나 자유로운가'를 질문하게 한다. 외부의 잣대와 재물에 얽매여 자신을 소모하는 삶에서 벗어나, 내면의 자아를 보존하고 만물과 조화롭게 사는 정신적 풍요로움이 바로 장자가 말하는 가장 현명하고 오래가는 부자의 길이다.

헨리 데이비드 소로의 『월든』

『월든』에서 헨리 데이비드 소로가 말하는 '부의 비결'은 일반적으로 생각하는 재산 축적과는 정반대의 개념이다. 소로는 욕망을 줄여서 필요를 충족하는 데 드는 시간과 노동을 최소화하고, 그 여분의 시간을 정신적인 성장에 투자함으로써 내면의 부(富)를 얻는 것을 진정한 '부자 되는 법'으로 제시한다.

- 가치 있는 삶의 목표(정신적 부)를 먼저 설정하고, 최소한의 물질로 그 목표를 지탱하는 것이야말로 소로가 발견한 최고의 '부의 비결'이다.

연봉 1억보다 '시간의 자유'를 선택하라

 헨리 데이비드 소로의 『월든(Walden)』은 우리가 흔히 생각하는 '부의 비결'을 통렬하게 뒤집는 '내면의 부(富) 축적 가이드'이다. 소로에게 부(富)는 더 많은 재산을 소유하는 것이 아니라, 욕망을 줄여서 필요를 충족하는 시간을 최소화하고, 그 여분의 시간을 정신적인 성장에 투자하는 것이었다. 소로가 월든 호숫가에서 발견한 진정한 '부의 비결'을 공개한다.

- '자발적 빈곤'이 선사한 시간의 자유

 소로는 월든 호숫가에 손수 통나무집을 지으면서 총 $28.12라는 극도로 적은 비용을 들였다고 상세히 기록한다. 이 금액은 대부분의 사람들이 평생을 노예처럼 일해야만 집 한 채를 소유할 수 있는 당대 현실에 대한 충격적인 반론이었다.

소로는 말한다. **"한 인간이 소유한 재산은 그가 자유롭지 못한 모든 것"**이라고. 진정한 재정적 자유는 더 많이 버는 것이 아니라, 더 적게 소비하는 것에서 온다는 깨달음이다. 필요한 것을 최소화하면, 남은 시간을 사색, 독서, 자연과의 교감 등 정신적 부를 쌓는 데 투자할 수 있게 된다. '자발적 빈곤'은 곧 시간이라는 가장 값진 자원을 확보하는 최고의 '부의 비결'이었다.

- 가장 현명한 사람은 '가장 적게 소비하는 사람'이다

소로는 사람들이 '필수품'이 아닌 '사치품과 편의품'을 얻기 위해 과도한 노동을 하며 자신의 '생명(시간)'을 낭비한다고 날카롭게 비판한다. 그는 집, 음식, 의복 중 진정으로 필요한 것이 무엇인지 철저히 분석하며, 많은 사람이 유행에 맞는 옷을 위해 가장 소중한 생명을 저당 잡힌다고 지적한다. 진정한 부자는 필요하지 않은 물건에 자신의 '생명'을 지불하지 않는 사람이다. 욕망을 줄이는 것은 지혜로운 투자와 같다. 사치품을 포기함으로써 얻는 시간적 여유야말로 가장 값진 재물이며, 이는 인간의 내적 성장을 가능하게 하는 궁극적인 자본이 된다.

- 밥벌이를 '도락(道樂)'으로 삼아라

소로는 월든에서 콩, 감자 등을 심어 농사를 지었지만, 그 목적은 돈을 벌기 위함이 아니었다. 그는 농작물의 수입보다 자연 속에서 얻는 통찰과 사색의 가치를 훨씬 더 높게 여겼다. 그는 **"밥벌이를 그대의 직업으로 삼지 말고 도락(道樂)으로 삼으라"**라고 말한다.

소로에게 '부자'란 돈이나 소유물에 얽매이지 않고 자신의 삶을 의도대로, 주체적으로 살아가는 사람이다. 삶의 목적을 물질적 이익이 아닌 정신적이고 영적인 영역에 두는 것이 진정한 '부의 비결'인 것이다. "공중에 누각을 쌓더라도 그것은 헛된 일이 아니다. 누각은 원래 공중에 있어야 하니까. 이제 그 밑에 토대만 쌓으면 된다."라는 그의 말처럼, 가치 있는 삶의 목표(정신적 부)를 먼저 설정하고, 최소한의 물질로 그 목표를 지탱하는 것이야말로 소로가 발견한 최고의 '부의 비결'인 것이다.

김만중의 『구운몽(九雲夢)』

『구운몽(九雲夢)』은 주인공 성진(양소유)이 꿈속에서 인간 세상의 부귀영화를 모두 경험하고 결국 그것이 덧없음을 깨닫는 과정을 그린 소설이다. 따라서 이 작품에서 제시하는 '부자 되는 법'은 세속적 성공의 정점을 보여주지만, 궁극적으로는 그 성공의 허무함을 강조하고 있다.

- 진정한 부는 일장춘몽이 아닌 영원한 깨달음(불도)에 있다.

승상이 되어 보니, 꿈이더라

"부귀공명(富貴功名)의 끝은 어디일까?" 17세기 조선, 독자들을 매료시켰던 소설 『구운몽(九雲夢)』은 주인공 성진(양소유)이 꿈속에서 가장 완벽한 부귀영화를 성취하는 과정을 보여준다. 하지만 이 작품의 진정한 교훈은 '가장 화려한 부'의 정점이야말로 '가장 덧없는 것'이라는 역설에 있다.

- 과거 급제를 통한 '권력 부자'의 탄생

성진이 속세의 양소유로 태어나 가장 먼저 쟁취한 것은 권력이었다. 그는 타고난 재주와 학문 수양을 바탕으로 16세의 어린 나이에 과거에 장원급제 한다. 이는 조선시대 사대부들이 꿈꾸던 가장 정통적인 성공 방식이었다. 벼슬길을 따라 승승장구한 양소유는 전쟁 영웅으로 승상(丞相)의 자리에 오르며, 단순한 재물을 넘어 국가의 최고 권력과 명예를 한 손에 쥔다. 권력의 정점에 오르는 것이 당시 가장 확실한 '부의 비결'이었던 셈이다.

- '인맥이 부자'로 완성되다

양소유의 부귀영화는 재물에만 국한되지 않았다. 그는 팔선녀와 인연을 맺어 두 명의 정실부인과 여섯 명의 첩을 거느리게 된다. 특히, 황제의 누이인 난양공주의 의형제인 이소화, 당대 세도가의 딸인 정경패 등 권력층과 맺은 혼인 관계는 그의 가문을 강력한 사회적 자본으로 완성시킨다.

그가 이룬 성공은 개인의 재산뿐 아니라, 공주와 연결된 권력 인맥, 그리고 뛰어난 재능을 가진 여인들을 통한 문화적·지적 풍요를 모두 아우르는, 당시 남성들이 상상할 수 있는 이상적인 '부귀공명(富貴功名)'의 총체였다.

- 절정의 순간, "멈춰라!"

양소유는 승상으로서 부귀영화의 절정에 올랐고, 부족함 없는 삶을 누렸다. 그러나 나이가 든 어느 날, 그는 옛

영웅들의 황폐한 무덤을 지나다가 깊은 허무함에 빠진다. 아무리 화려했던 자신의 부귀공명도 결국 저 덧없이 사라진 영웅들과 다를 바 없이 사라질 것이라는 깨달음이었다. 바로 그 깨달음의 순간, 노승(육관대사)이 나타나 염주로 침상을 내리치자 양소유는 모든 것이 한낱 꿈(일장춘몽)이었음을 깨닫고 본래의 모습인 성진으로 돌아온다.

『구운몽』은 '부의 비결'을 가장 완벽하게 그려내지만, 그 궁극적인 목적은 바로 세속적 재물과 명예는 영원한 가치가 아니라며 허무함을 강조하는 데 있다. 양소유의 경험은 우리에게 묻는다. 가장 완벽한 부자가 되는 법을 알게 된다 해도, 그 끝이 허무라면 진정한 부는 어디에 있는가? 이 소설은 결국 진정한 부는 일장춘몽이 아닌 영원한 깨달음(불도)에 있다는 역설적인 결론으로 독자들을 이끌어갔다.

세르반테스의 『돈키호테』

『돈키호테』에서 '부자의 비결'은 물질적 재산을 축적하는 현실적인 방법에 있는 것이 아니라, 이상과 정신적 가치를 추구함으로써 내면적 풍요로움을 얻는 방식에 대한 반어적 해답으로 제시된다. 주인공의 행위는 물질적 궁핍과 좌절을 낳지만, 동시에 불멸의 정신적 가치를 남긴다.

- "당신의 영혼은 지금 얼마나 부유한가?" 돈키호테처럼 "죽을 땐 현명한 사람 돼 죽고, 살 때는 미친 듯이 살라."

33

부자가 되는 가장
'비현실적'이고 위대한 방법

 당신은 부자가 되고 싶은가. 그렇다면 당장 현실을 직시하고, 재테크를 공부하고, 돈을 아끼라고 말하는 상식적인 조언은 잠시 잊어버려야 한다. 미겔 데 세르반테스의 불멸의 고전 『돈키호테』가 보여주는 '부자 되는 법'은 세상의 모든 경제학 책을 뒤엎는, 가장 위험하고, 우스꽝스러우며, 그럼에도 가장 숭고한 역설을 담고 있다.

 우리의 주인공, 알론소 키하노는 낡은 갑옷을 입고 돈키호테 데 라 만차를 자처하며 세상을 구하러 나선다. 가진 것이라곤 앙상한 말 로시난테와 그의 광기뿐인 이 미치광이 기사의 여정은 현실적인 부자가 되는 길과는 정반대로 나아간다.

- 잃음으로써 얻는 불멸의 자산, 풍차와의 전투

 돈키호테의 첫 번째 '투자'는 처참한 실패로 끝난다. 그는 평원에 늘어선 평범한 풍차를 보고 세상을 위협하는 사악한 거인이라고 확신하며 돌격한다. 이 일화는 돈키호테가 눈앞의 현실적인 이익을 무시하고 비현실적인 이상(거인 퇴치)을 추구함으로써 물질적 손해와 고통만 얻는 전형적인 모습이다. 창은 부러지고, 갑옷은 찌그러지며, 그는 온몸이 부서져 물질적으로 모든 것을 잃는 것이다. '부자 되는 법'의 관점에서 보면, 그는 끊임없이 가진 것을 잃고 궁핍해진다. 그러나 역설적으로 이 '미친 짓'을 통해 그는 '훌륭한 이름'과 '영웅적 정신'이라는 비물질적인 가치를 얻고 불멸의 상징이 된다. 세르반테스는 우리에게 "재물보다는 훌륭한 이름으로 기억되는 게 낫다"라고 속삭인다. 세상이 그를 미치광이라고 비웃을 때, 돈키호테는 이미 불멸의 이름을 얻어 세상의 어떤 억만장자보다 정신적으로 부유해진 것이다.

- 현실주의자의 아이러니한 성공

 돈키호테의 여정에 필수적인 인물은 그의 종자 산초

판사이다. 그는 돈키호테와 정반대의 '부자 마인드'를 가졌다. 산초는 돈키호테에게 '섬의 영주 자리'를 약속받고 따라나선 철저한 현실주의자이다. 그는 환상보다는 빵과 포도주, 명예보다는 재산을 원했다. 놀랍게도 그는 실제로 바라타리아 섬의 영주가 되지만, 통치 중 그는 물질적 욕심을 버리고 정의롭고 지혜로운 판결을 내리는 정신적 리더십을 보여준다. 즉, 산초가 궁극적으로 얻은 것은 '돈'이 아니라, 돈키호테의 이상주의 옆에서 배운 '지혜'와 '도덕성'이라는 정신적 부인 것이다. 물질적 욕망으로 시작했으나, 결국 정신적으로 성장하여 '진정한 부자'가 된 것이다.

- 구리 대야를 황금 투구로 바꾸는 연금술

이 소설에서의 가장 압권은 돈키호테가 이발사의 평범한 놋쇠 대야를 보고 전설 속 영웅의 '황금 투구'라고 주장하며 빼앗아 착용하는 장면이다. 주변 사람들은 그것이 평범한 대야임을 알고 비웃지만, 돈키호테에게 '부의 비결'은 물질적 궁핍 속에서도 자신의 상상력과 신념을 통해 평범하고 가치 없는 물건에 숭고한 의미를 부여하는 능력, 즉 정신적 연금술이었다.

돈키호테는 우리에게 가르쳐준다. 당신이 가진 물건의 가치는 당신의 신념이 부여하는 가치와 같다고. 그는 현실 세계의 궁핍을 자신이 만들어낸 '고귀한 허구'로 채움으로써, 현실적인 재물을 가진 어떤 부자보다도 충만하고 명예로운 삶을 살았다고 믿는다.

세르반테스는 이 '미친 부자'의 이야기를 통해, 눈앞의 이익과 현실에만 갇혀 사는 우리에게 가장 심오한 질문을 던진다. "당신의 영혼은 지금 얼마나 부유한가?" 돈키호테처럼 "죽을 땐 현명한 사람 돼 죽고, 살 때는 미친 듯이 살라"는 역설적인 지혜를 받아들인다면, 당신은 물질의 유무와 상관없이 가장 풍요롭고 의미 있는 삶을 살 수 있을 것이다.

어떤 기쁨도 어떤 슬픔도
밖에서 오지는 않는다 마음집

윌리엄 셰익스피어의 『아테네의 타이먼』

윌리엄 셰익스피어의 『아테네의 타이먼(Timon of Athens)』은 부유할 때는 관대한 친구들에 둘러싸이지만, 가난해지자 곧바로 버림받는 아테네 귀족 타이먼의 비극적인 이야기를 다룬다. 이 작품은 재산이 인간관계에 미치는 치명적인 영향과 부의 무상함을 보여준다.

- 재물은 우리가 누군지 보여주는 거울이 아니라, 우리 주변 사람들이 어떤 사람들인지 드러내는 시금석이다.

34

황금은 신인가, 악마인가

 아테네의 귀족 타이먼은 자타공인 '관대함의 화신'이었다. 그는 자신의 막대한 재산을 친구들에게 아낌없이 베풀었고, 그럴 때마다 사람들은 그를 추앙하며 "타이먼! 타이먼!"을 외쳤다. 윌리엄 셰익스피어의 비극 『아테네의 타이먼』은 이 완벽해 보이던 삶이 재물이라는 유리에 금이 가는 순간, 어떻게 산산조각 나는지 보여준다.

- 돈이 사라지자, 친구들도 사라졌다

 타이먼은 자신이 베푼 호의가 진정한 사랑과 충성으로 돌아올 것이라고 순진하게 믿었다. 그의 저택은 매일 축제로 북적였고, 모든 관계는 '부'라는 견고한 매개체 위에 세워진 듯했다. 그러나 사업 실패로 타이먼에게 재정적 어려움이 닥치고, 그가 이전에 아낌없이 주었던 '친구들'

에게 도움을 요청했을 때, 충격적인 진실이 드러난다. 그들은 모두 "지금은 돈이 없다", "빌려줄 수 없다"라는 핑계를 대며 그를 철저히 외면한다. 타이먼은 그때 깨닫는다. 자신이 소유했던 것은 진정한 우정이 아니라, 재물을 노린 아첨과 위선이었음을. 재물을 매개로 한 인간관계는 부가 소멸하는 순간 함께 사라지는, 세상에서 가장 덧없는 허상이었던 것이라는 것을.

- 숲속의 발견, 황금의 전능한 힘에 대한 저주

인간에 대한 깊은 경멸과 분노에 사로잡힌 타이먼은 아테네를 떠나 숲속에서 은둔한다. 그리고 혐오스러운 삶을 살던 그가 우연히 흙 속에서 금덩이를 발견한다. 이 금을 움켜쥔 타이먼은 세상 전체를 향해 저주를 퍼붓는다.

그의 눈에 비친 금은 단순한 재물이 아니었다. "너는 흰색을 검은색으로, 추한 것을 아름다운 것으로, 틀린 것을 옳은 것으로 만들어내는 신"이라고 외치며, 금이 인간의 모든 도덕적, 사회적 가치를 전복시키는 절대 권력을 가졌음을 비판한다. 금을 재발견한 후에도 타이먼은 그 돈을 자선이 아닌, 복수와 타락을 부추기는 데 사용하려

한다. 이는 인간의 가치가 재물에 의해 평가되는 세상에 대한 타이먼의 극한적인 경멸을 상징한다.

- 부의 무상함과 영혼의 평화

타이먼의 이야기는 역설적인 교훈을 남긴다. 그가 겪은 가장 큰 비극은 부를 잃은 경제적 손실이 아니라, 부 때문에 인간에 대한 신뢰와 사랑을 완전히 잃게 된 정신적 손실이었다. 타이먼은 물질적 풍요가 가져다준 고통과 배신감 때문에 세상의 모든 문명과 관계를 부정하고 은둔한다. 그는 부유했을 때보다, 금을 저주하고 증오하는 숲속 생활에서 차라리 정신적인 평화를 얻으려 했다.

셰익스피어는 『아테네의 타이먼』을 통해 '부자 되는 법'을 가르치기보다, '부의 무상함'과 '진실한 인간관계의 가치'를 역설적으로 강조하고 있다. 재물은 우리가 누군지 보여주는 거울이 아니라, 우리 주변 사람들이 어떤 사람들인지 드러내는 시금석임을 알려주는 비극이라고.

존 로크의 『통치론』

존 로크(John Locke)의 『통치론(Two Treatises of Government)』, 특히 제2부(시민 정부의 참된 기원, 범위 및 목적에 관한 시론)는 근대 자유주의의 기초를 놓은 저서이다. 로크는 국가의 통치 원리뿐만 아니라, 사유재산권이 자연법에 의해 어떻게 발생하고 정당화되는지를 설명했다. 로크에게 '부자 되는 법'은 곧 자신의 노동을 통해 얻은 소유물을 안전하게 보장받는 것을 의미한다.

- **근면하게 노동하여 정당하게 부를 축적하라. 그러면 국가가 당신의 부를 침해받지 않도록 목숨 걸고 지켜줄 것이다.**

35

'따라!'
그 순간, 내 것이 된다

옛날 옛적, 신이 모든 인류에게 자연을 '공동 재산'으로 주었을 때, 철학자 존 로크는 고개를 갸웃거렸다. "모두의 것이라면 내 것은 어디 있지?" 그의 『통치론』, 특히 제2부는 통치 원리를 넘어 '사유재산권의 탄생 신화'를 담고 있다. 로크에게 '부의 비결'은 단순한 행운이나 시장의 요인이 아닌, 자연법(Natural Law)에 의해 보장된 가장 근본적인 권리에 있었다.

로크의 주장은 간단하고 강력하다. "내 몸은 내 소유고, 내 몸의 노동(Labour) 역시 내 소유다." 이 명제에서 부(富)의 기원이 시작된다.

- 내 사과를 건드리지 마!

자연 상태의 나무에 사과가 주렁주렁 열려있다. 이 사

과는 모두의 것이다. 하지만 누군가가 그 나무에 올라가 '자신의 노동'을 섞어 사과를 따는 순간, 로크의 마법이 발동한다.

그 순간, 그 사과는 이제 '노동을 섞은 자의 소유'가 된다. 땅을 경작하거나 물건을 만드는 모든 행위는 그 결과물에 대한 개인의 소유권을 정당화한다. 즉, 노동만이 사유재산의 유일하고 정당한 근원이며, 이는 '노동을 많이 한 사람이 더 많은 부를 소유하는 것'이 자연의 이치임을 선언한다. 부의 축적은 본질적으로 정당하고 아름다운 일이다! 원래 로크는 "다른 사람에게 충분하고 좋은 것이 남아 있어야 한다"라는 공유물의 제한과 "재물은 썩지 않아야 한다"라는 부패의 제한을 두었다. 아무리 많은 노동을 했더라도 쌓아놓고 썩힌다면 다른 이의 몫을 빼앗는 것이나 다름없기 때문이다.

- 화폐의 등장, 무제한 축적의 면죄부

그런데 '화폐'가 등장하면서 이 모든 제한이 사라진다. 썩지 않는 금이나 은 같은 화폐가 '묵시적 동의'를 통해 가치를 지니게 되자, 재물을 무제한으로 쌓아도 '썩혀서

버릴 염려'가 없어졌기 때문이다.

로크는 화폐의 도입으로 소유가 불균등해지는 현실을 인정한다. 하지만 모든 사람이 화폐 사용에 동의했고, 더 많이 노동하여 썩지 않는 형태로 부를 축적하는 것은 정당하다고 보았다. 이로써 자본주의적 부의 무제한적 축적은 로크의 철학을 통해 근대적이고 도덕적인 정당성을 확보하게 된다.

- '내 재산'을 지켜라!

로크에게 국가(시민 정부)를 세우는 목적은 '재산(Property)의 보존'에 있었다. 여기서 재산은 우리가 흔히 아는 물질적 자산뿐만 아니라, 생명(Life)과 자유(Liberty)까지 포함하는 광범위한 개념이다.

사람들이 자연 상태의 불안정함을 벗어나 정부를 만드는 이유는 단 하나뿐이다. 바로 자신의 생명, 자유, 그리고 노동으로 얻은 부를 외부의 침해와 강제로부터 더 안전하게 보호하기 위해서다.

결론적으로 로크가 말하는 '부의 비결'은 이렇다. "근면하게 노동하여 정당하게 부를 축적하라. 그러면 국가가 당신의 부를 침해받지 않도록 목숨 걸고 지켜줄 것이다."

 이처럼 로크는 부의 축적을 개인의 신성한 권리로 격상시키고, 국가의 가장 중요한 의무를 그 권리의 수호에 두면서, 근대 자본주의와 자유주의의 철학적 토대를 완성했던 것이다.

CHAPTER 4

국가와 공동체의 시스템 원칙

한비자(韓非子)

한비자(韓非子)에게 있어 '부자 되는 법'은 개인의 재산 증식보다는 국가의 부강(富國强兵)을 위한 통치 원리, 즉 엄격한 법치(法治)와 상벌(賞罰)의 공정성을 통해 백성 전체의 생산성을 극대화하는 것을 의미한다. 한비자는 유가(儒家)의 인의(仁義)를 비판하며, 인간의 이익 추구 본성을 활용하여 국가를 다스려야 한다고 주장했다.

- 인간의 본성과 이익 추구 심리를 부정하지 않고 이를 통치 도구로 활용하며, 공정하고 엄격한 법치를 통해 국가 전체의 역량을 최대치로 끌어올리는 것이 가장 빠르고 확실하게 부강한 나라를 만드는 길이다.

36

인의(仁義)를 버리고
법(法)을 취하라

춘추전국시대 말기, 맹자가 인의(仁義)를 통해 백성의 마음을 얻는 왕도(王道)를 주장할 때, 한비자(韓非子)는 정반대의 길, 즉 엄격하고 공정한 법치(法治)를 통한 부국강병(富國強兵)을 제시했다. 한비자에게 '부의 비결'은 개인의 도덕심에 의존하는 것이 아니라, 인간의 이익 추구 본성을 활용하여 국가 전체의 생산성을 극대화하는 효율적인 통치 시스템을 구축하는 것에 있었다.

첫째, 부국강병의 근간은 상과 벌의 공정하고 엄격한 집행(信賞必罰)에 있다. 한비자는 법이 명확하고 엄격해야 백성들이 국가의 목표를 믿고 따를 수 있다고 보았다. "상은 후하고 믿음이 있게"하여 백성들이 이익을 얻기 위해 열심히 농사짓고 전쟁에 힘쓰도록 유도하고, "벌은

엄중하고 확실히 실시해" 악행을 두려워하도록 했다. 사적인 친분이나 감정에 얽매이지 않고 오직 법과 공(功)을 기준으로 상벌을 집행할 때, 조직(국가)은 투명하고 예측 가능한 시스템 아래에서 최대의 생산성을 확보할 수 있다.

둘째, 한비자는 인간이 인의가 아닌 이익(利)에 의해 움직이는 존재임을 인정하고, 이 본성을 국가 발전에 활용해야 한다고 주장했다. **"의원도 골육의 정이 있어 환자의 상처를 빨고 더러운 피를 입에 머금는 것이 아니다. 이익 때문이다"** 라는 구절처럼, 군주는 백성들이 추구하는 이익을 공동체의 목표(부국)와 명확히 연결시켜야 한다. 백성에게 현실적인 보상(이익)을 명확히 제시하는 것이야말로 그들의 에너지를 국가의 재산을 늘리는 방향으로 유도하는 근본적인 동력이 된다.

셋째, 지도자는 작은 일에 개입하지 않고 통치술(術)로 시스템을 통제해야 한다. 한비자는 군주가 직접 행정에 관여하는 대신, 신하들이 사적인 이익을 취하지 않고 국가의 부를 증진시키는 정책을 공정하게 집행하도록 감시하고 제어하는 시스템, 즉 술(術)을 구축해야 한다고 역설했다. 뛰어난 리더는 사소한 일에 휩쓸리지 않고, 효율적인 시스템과 인사(術)를 통해 조직 전체의 생산성과 부를 극대화하는 데 집중해야 한다는 실용적인 리더십 원칙이다.

 결론적으로 한비자의 부자론은 냉철한 현실 인식 위에 세워진 조직 경영론이다. 인간의 본성과 이익 추구 심리를 부정하지 않고 이를 통치 도구로 활용하며, 공정하고 엄격한 법치를 통해 국가 전체의 역량을 최대치로 끌어올리는 것이 곧 가장 빠르고 확실하게 부강한 나라를 만드는 길이라고 가르치고 있다.

묵자(墨子)

묵자(墨子)의 '부자론'은 국가와 백성 전체의 경제적 이익을 극대화하고 낭비를 제거하는 데 초점을 맞춘다. 개인의 사적 부 축적보다는 공익을 위한 재정 건전성과 효율적인 자원 활용을 부(富)의 기준으로 삼는다.

- 최대 다수의 이익을 추구하고 사회의 지속 가능한 부를 창출하는 것이 가장 근본적인 '부의 비결'이다.

37

돈을 버는 대신 '낭비를 멈춰라'

춘추전국시대의 사상가 묵자(墨子)는 혼란과 가난으로 고통받던 백성들을 위해 가장 실용적이고도 급진적인 '부의 비결'을 제시했다. 그의 핵심은 개인의 사적인 탐욕이 아니라, 국가와 백성 전체의 경제적 효율을 극대화하고 모든 낭비를 제거하는 것이었다. **묵자에게 진정한 부(富)는 '남아도는 돈'이 아니라, '낭비하지 않아 지킨 돈'이었다.**

- 낭비부터 멈춰라! (절용, 節用)

묵자의 첫 번째 경제 원칙은 절용(節用), 즉 '쓸데없는 비용의 철저한 제거'였다. 그는 옷, 음식, 건축 등 모든 생산 활동이 실용적인 목적을 벗어나 지나친 화려함이나 사치를 추구하는 것을 천하의 큰 손해라고 보았다. 그는 지도층의 사치스러운 지출을 줄여 그 비용을 백성에게 돌려주어야 한다고 주장했다. 묵자의 관점에서 진정한 부는 수익을 늘리는 것만큼이나 낭비를 줄이는 것에서 시작된다. 비효율적인 지출을 없앰으로써 국가(또는 개인의 재정)를 부유하게 만들 수 있다는 그의 통찰은 현대의 미니멀리즘이나 합리적 소비의 원형이라 할 수 있다.

- '돈 먹는 하마'를 막아라

묵자는 유교에서 중요하게 여겼던 호화로운 장례(후장)와 긴 상례 기간(3년 상), 그리고 화려한 음악 감상(마키아벨리 비악)에 강력하게 반대했다. 왜냐하면 이러한 의례들이 막대한 재화와 노동력을 소모시켜 백성들의 생산 활동을 방해한다고 보았기 때문이다. 특히, 긴 상례 기간 동안 백성들이 생산 활동을 하지 못하는 것을 국가적인 손실로 간주했다. 그의 주장은 명확하다. 인력과 자원을 비생산적인 의례에 묶어두는 것이 곧 가난을 초래하므로, 이를 금지함으로써 국가 전체의 부를 지켜야 한다는 극도의 실용적 관점을 보여준다. 시간과 노동력 역시 부를 이루는 핵심 자산이었다.

- 서로 이롭게 하라

묵자의 가장 유명한 사상인 겸애(兼愛)는 단순한 도덕적 주장이 아니라, 경제적 이익(交利, 서로 이롭게 함)과 직결된다. 그는 **"남을 이롭게 하는 것이 결국 자신을 이롭게 하는 길"**이라고 설파했다.

부자는 가난한 자에게 옷과 먹을 것을 제공하고, 강자가 약자를 돕는 행위는 전쟁과 약탈, 혼란을 막아 사회 전체의 생산력과 안정을 증진시킨다. 묵자는 혼란이야말로 부의 가장 큰 적이라고 보았기 때문이다. 모두를 사랑하고 이익을 나누는 행위는 사회적 갈등을 해소하여 안정적인 경제 활동 기반을 마련해 준다. 이는 최대 다수의 이익을 추구하고 사회의 지속 가능한 부를 창출하는 가장 근본적인 '부의 비결'인 것이다.

묵자의 '부의 비결'은 낭비를 제거하여 돈을 지키고, 자원을 생산적인 곳에 투입하며, 사회적 안정을 통해 모두가 이익을 보는 '최고 효율의 공익 경영 원칙'이었다.

『임진록(壬辰錄)』

『임진록(壬辰錄)』은 임진왜란(1592년)을 배경으로 한 역사 군담 소설로, 기본적으로 영웅들의 무용담과 구국 활동을 다룬다. 따라서 개인의 재산 축적을 위한 '부자 되는 법'을 직접적으로 다루는 일화는 찾기 어렵다. 그러나 소설 속 영웅들의 활동을 통해 전쟁 상황에서 부(富)와 재물을 다루는 방법과 군자금 마련에 대한 일화들은 개인의 이익보다는 국가와 민족의 생존을 위한 재물의 확보 및 활용이라는 관점에서 '부자 되는 법'의 의미가 확장된 것이다.

- 개인의 신뢰와 의로움이 곧 국가를 돕는 가장 큰 무형의 '부'이며, 공익을 위한 자본의 흐름이 곧 국가를 부강하게 만드는 '부의 비결'이다.

38

나라를 구해야
부자가 된다

 임진왜란이라는 민족의 최대 위기를 배경으로 한 영웅 군담 소설 『임진록(壬辰錄)』은 개인의 사적인 탐욕을 위한 '부자 되는 법'을 다루지 않는다. 대신, 소설 속 영웅들은 전쟁이라는 극한 상황에서 국가와 민족의 생존을 위한 재물을 어떻게 확보하고 활용해야 하는지에 대한 위대한 경제적 교훈을 남긴다. 『임진록』이 제시하는 '부의 비결'은 국가 부강과 공익을 위한 재물 활용으로 그 의미가 확장된다.

- '생산하는 군대'를 통한 재정 자립

 이순신 장군은 전투의 영웅을 넘어 뛰어난 경영자였다. 『임진록』의 서사에서도 그는 조정의 불안정한 지원만을 기다리지 않았다. 장군은 바닷가 땅을 개간하여 둔전(屯田)을 일구고, 소금 굽기나 무역 같은 생산적인 경제 활동을 통해 군자금과 군수품을 자체적으로 조달한다. 전시 상황에서 '부자가 된다'는 것은 재정을 안정적으로 확보하여 국가 방위에 기여하는 것을 의미했다. 이순신의 둔전 경영은 생산적인 노동과 현명한 자원 관리가 외부 지원 없이도 전쟁을 지속할 수 있는 진정한 부국강병(富國強兵)의 기초임을 보여준다. 이는 국가 규모의 자립적인 경제 활동이 가장 확실한 '부의 비결'이라는 강력한 메시지다.

- 신통력으로 '약탈당한 부'를 환수하다

『임진록』의 영웅 서사에서 사명당 유정 대사는 도술과 신통력을 발휘하여 외교적 회담에서 막대한 왜군의 재물이나 군수품을 획득하거나, 왜군에게 약탈당한 국가의 재물을 되찾아 오는 서사적 장치로 등장한다. 이 일화는 단순한 승리를 넘어, 물질적 손실에 대한 민중의 울분과 경제적 복수심이 투영된 것이다. 이는 빼앗긴 부를 되찾아 오는 행위를 통해 민족적 자존감과 재정 회복을 염원하는 대리 만족을 제공한다. 당시 민중에게 외적에 대한 경제적 복수야말로 일종의 '부의 비결'로 인식되었음을 반영하며, 국가적 손실의 회복이 곧 부의 증진이라는 공익적 관점을 강조한다.

- 민심과 명분으로 '민간 자본'을 동원하다

곽재우, 김덕령 등의 의병장들은 국가의 정식 재정 지원을 받기 어려웠다. 그래서 그들은 자신들의 개인 재산을 털어 군자금으로 쓰거나, 지역의 부유한 백성이나 상인들의 자발적인 기부를 받아 군사를 모으고 군량을 조달한다. 이 의병 활동은 개인의 명망과 공익적 목표가 민간 자본을 동원하는 강력한 힘이 되었음을 보여준다. 의병장들은 재물을 독점하지 않고 공동체의 생존을 위해 사용함으로써, 백성들의 자발적인 재정 지원이라는 가장 확실하고 지속 가능한 자본을 얻어냈다. 이는 개인의 신뢰와 의로움이 곧 국가를 돕는 가장 큰 무형의 '부'이며, 공익을 위한 자본의 흐름이 곧 국가를 부강하게 만드는 '부의 비결'임을 시사한다.

플라톤의 『국가』

플라톤의 대화편 『국가(Republic)』는 정의로운 이상 국가를 설계하며, 개인의 부(富)에 대한 추구는 국가의 안정을 해치는 근본적인 위협 요소로 간주한다. 따라서 『국가』에서 말하는 '부의 비결'은 개인이 재물을 모으는 방법으로 제시하기보다, 국가 차원에서 부와 사유재산이 어떻게 관리되어야 하는가에 대한 통치 원리를 강조한다.

– 국가 전체의 안정과 조화야말로 그 어떤 황금보다도 소중한 진정한 '부의 비결'이다.

'금지된 금화'와 '중용의 부'를 논하다

 지금으로부터 2,400여 년 전, 고대 아테네의 철학자 플라톤이 인류 역사상 가장 급진적이고도 치밀한 '국가 경영 부자학'을 들고 나왔다. 그의 청사진 속에는 '국가'라는 거대한 유기체의 안정과 정의를 위해, 심지어 가장 고귀한 통치자들조차 '돈'을 소유하는 것 자체를 금지하는 충격적인 내용이 담겨 있었다. 이것은 단순한 경제 이론이 아니며, 국가의 정신적, 물리적 건강을 최우선시하는 '영혼을 위한 부의 철학'이었다.

- 사유재산 철폐라는 극약 처방

 플라톤의 이상 국가, 즉 "국가(Politeia)"의 심장과 두뇌 역할을 하는 수호자 계층(통치자와 군인)은 사유재산을 완전히 포기해야 한다고 그는 주장했다. 국가의 최고

지도자들이 개인적인 금은보화를 소유하는 것이 금지된 것이다.

"금과 은을 만지지도, 소유하지도 말라."라는 이 엄격한 명령은 왜 나왔을까? 바로 부패라는 독버섯을 뿌리째 뽑아내기 위함이었다. 개인이 부를 축적하는 순간, 공공의 이익보다 '내 통장 잔고'가 먼저 눈에 들어오게 된다는 것이 플라톤의 주장이다. 수호자들이 함께 식사(시시티아)를 하고, 국가가 제공하는 최소한의 생활비와 공유재산으로 모든 것을 충당하도록 함으로써, 그들의 눈은 오직 국가의 정의 실현이라는 본업에만 머물게 하는 것이었다. 사적인 욕망에 눈먼 지도자가 아니라, 오직 국가만을 위해 봉사하는 '청렴결백한 공복(公僕)'을 만들고자 한 제도인 것이다. 그들에게는 국가의 안정과 정의 자체가 가장 큰 재산이었던 것이다.

- 국가의 적, 극도의 빈곤과 부유함

하지만 플라톤은 생산자 계층에게까지 재산을 금지하진 않았으며, 대신, 그는 국가의 안정과 전문성을 해치는 두 가지 절대적인 적으로 '극도의 부'와 '극도의 빈곤'을 지목했다. 극도의 부의 문제는 구두 수선공이 부자가 되어 구두 만들기를 게을리하는 것처럼, 방종과 나태를 불러 전문성을 떨어뜨리게 되는 것이다. 반대로 극도의 빈곤의 문제는 질투와 불만을 낳아 국가를 분열시키고 혁명의 불씨를 지핀다고 보았다.

결국 플라톤은 말한다. "이상적인 부는 중용(中庸)에 있다! 생산자들에게 사유재산은 허용하되, 법과 제도를 통해 재산이 어느 한쪽으로 치우치지 않도록 국가가 엄격하게 통제해야 한다!"라고. 플라톤에게는 국가 전체의 안정과 조화야말로 그 어떤 황금보다도 소중한 진정한 '부의 비결'이었던 것이다.

이순신 장군의 『난중일기』

『난중일기(亂中日記)』는 임진왜란이라는 극한의 전장에서 군 최고 지휘관이었던 이순신 장군이 기록한 일기이다. 이 일기는 직접적으로 '부자 되는 법'을 가르치기보다는, 전쟁 중에도 군대와 백성의 생존을 위해 재정을 관리하고 자원을 확보했던 그의 철저한 리더십과 실용주의적인 경제 활동을 통해 간접적인 교훈을 제시하고 있다.

- 위기 속에서 스스로 자원을 창출하고, 투명하게 관리하며, 부정부패를 거부하는 이 세 가지 원칙이야말로 국가든 개인이든 부와 안정을 유지하는 가장 확실한 방법이다.

40

돈을 만들고,
투명하게 기록하라

   임진왜란이라는 국가적 재난 속에서 군 최고 지휘관이었던 이순신 장군의 『난중일기』는 단순한 전투 기록이 아니다. 이 일기는 극한의 위기 속에서도 부(富)와 자원을 유지하고 창출해 낸, 천재적인 실용주의 경영학 교과서이다. 장군은 직접적으로 '부의 비결'을 가르치지 않았지만, 그의 철저한 리더십과 재정 관리는 오늘날에도 통용되는 위기 극복의 원칙을 제시한다.

- 조정에 의존하지 마라

   전쟁 중, 조정의 군량 지원은 불확실했다. 이순신 장군은 이에 의존하지 않았다. 그는 군사들에게 둔전(屯田, 군대 경작지)을 일구게 하고, 고기를 잡게 했으며, 심지어 소금이나 그릇 같은 물품을 직접 만들어 팔아 쌀을 사들이는 자구적인 경제 활동을 지시했다.

'남에게 의존하지 않고 스스로 자원을 창출하는 능력' 이야말로 위기를 극복하고 부를 유지하는 근본임을 보여준다. 장군은 군대를 단순히 국가의 자원을 소비하는 집단이 아닌, 생산과 소비를 동시에 해결하는 자립적인 경영체로 변화시켰다. 이는 오늘날의 관점에서 자구적인 혁신과 다각화된 재정 확보의 중요성을 상징한다.

- 돈보다 중요한 시스템, 엄격한 회계와 상벌

군자금 관리에 있어서 이순신 장군은 놀라울 만큼 철저했다. 『난중일기』에는 군인들에게 곡식이나 물자를 지급하고, 빌려주고, 회수한 상세한 기록이 남아 있다. 또한, 군량미를 제대로 관리하지 못하거나 불의를 저지른 자에게는 가차 없이 벌을 내리고, 공을 세운 자에게는 명확하게 상을 내렸다는 기록도 있다. 이 기록은 재산이든 조직이든 '투명하고 엄격한 관리 체계'가 없으면 쉽게 부패하고 사라진다는 것을 가르쳐준다. 극한의 혼란 속에서도 정직함과 신뢰할 수 있는 재정 시스템을 통해 부족한 자원을 효율적으로 배분하고 군 기강을 확립한 것이, 장군이 가진 가장 강력한 부의 비결이었다.

- 부패를 풍자하다, 자체로 제작한 '선물'

당시 관직 인사철에는 상급자에게 뇌물성 선물을 바치는 부패한 관행이 만연했다. 이순신 장군은 이 비윤리적인 문화를 혐오했다. 그는 조정에 보낼 인사치레용 물품을 사적으로 준비해야 할 때, 군영 내에서 부채 등을 직접 만들어 활용했다는 기록을 남겼다. 이 기록은 '부정부패에 의존하지 않는 청렴한 자세'가 장기적인 성공의 기반임을 보여준다. 장군은 불필요한 재물 낭비와 뇌물 관행에 휩쓸리지 않고, 자신이 통제할 수 있는 자원을 활용하여 본업인 국방과 전투에 집중할 수 있었다. 그는 재물을 모으는 것보다 명예와 국가에 대한 기여에 가치를 두었고, 이는 결국 백성과 부하들의 무한한 신뢰라는 최대의 무형 자산으로 돌아왔다.

『난중일기』는 위기 속에서 스스로 자원을 창출하고, 투명하게 관리하며, 부정부패를 거부하는 이 세 가지 원칙이야말로 국가든 개인이든 부와 안정을 유지하는 가장 확실한 '부의 비결'임을 가르쳐주고 있다.

CHAPTER 5

탐욕과 물질만능주의에 대한 경계

칼 마르크스의 『자본론』

칼 마르크스(Karl Marx)의 『자본론』은 자본주의 사회에서 부가 어떻게 탄생하고 축적되며, 이 과정에서 발생하는 모순과 착취를 과학적으로 분석한 저서이다. 마르크스는 부자들의 개인적인 기술이 아닌, 자본주의 시스템 자체의 본질적인 작동 방식을 통해 '부의 비밀'을 말해주고 있다.

- 부자들은 타고난 운이나 기술이 아니라, 이 '잉여 가치를 끊임없이 쥐어짜는 시스템'을 구축하고 유지함으로써 부를 쌓는다.

41

부자들의 '마법 공식'을 해부하다

19세기, 유럽의 공장 굴뚝에서 검은 연기가 솟아오를 때, 수염이 덥수룩한 철학자 카를 마르크스는 부(富)의 근원을 파헤치고 있었다. 당대의 경제학자들이 '재능'이나 '절약' 덕분에 부자가 된다고 설명할 때, 마르크스는 고개를 저었다. **"아니, 그건 개인이 아니라 시스템의 문제다!"** 라고.

그의 역작 『자본론』은 마치 마술사의 트릭을 폭로하는 탐정 보고서와 같다. 마르크스는 자본주의 사회의 거대한 부가 결국 '상품(Commodity)'이라는 가장 기본적인 세포의 집합체임을 밝혀냈다. 모든 상품에는 쓸모(사용가치)와 함께, 다른 물건과 바꿀 수 있는 힘(교환 가치, 즉 노동 시간)이 응축되어 있다. 자본가는 쓸모에는 관심 없고 오직 교환 가치, 즉 이윤을 불리는 데만 몰두한다.

마르크스가 찾아낸 부자들의 비밀 공식은 바로 이것이다.

$$G \to W \to G$$

평범한 사람이 옷을 팔아(W) 돈(G)으로 곡식(W')을 사는 '생계형 순환(W-G-W')'과는 차원이 다르다. 부자들은 돈(G)으로 상품(W, 이 상품에는 노동력이 포함)을 사서, 다시 그것을 더 큰 돈(G')으로 바꾸는 '자본 순환(G-W-G')'을 완성한다. 여기서 G = G+△G이며, 이 △G(증식된 돈) 즉 잉여 가치(Surplus Value)야말로 부의 마법이 숨어있는 곳이다.

그렇다면 이 마법 같은 잉여 가치는 어디서 생겨날까? 시장에서 물건을 비싸게 팔아서? 마르크스는 단호하게 말한다. "아니다! 그것은 노동자의 '무상 노동'에서 나온다."

자본가는 노동자에게 생계를 유지할 수 있는 임금, 즉 노동력의 가치만을 지불한다. 만약 노동자가 하루 8시간을 일한다고 가정할 때, 4시간의 노동(필요 노동)으로 자신의 임금만큼의 가치를 생산한다고 치자. 나머지 4시간은? 노동자는 임금을 받지 않고 자본가를 위해 추가적인 가치를 생산해 낸다(잉여 노동). 이 추가적인 노동의 결과가 바로 잉여 가치이며, 이것이 고스란히 자본가의 호주머니로 들어간다.

마르크스는 이 잉여 가치의 메커니즘을 통해 자본주의적 부의 축적이 근본적으로 착취의 시스템임을 폭로했다. 부자들은 타고난 운이나 기술이 아니라, 이 '잉여 가치를 끊임없이 쥐어짜는 시스템'을 구축하고 유지함으로써 부를 쌓는다는 것이다.

마르크스에게 진정한 '부의 비결'은 개인이 아닌 시스템 차원에 있었다. 노동자의 무상 노동을 기반으로 한 착취 시스템을 해체하고, 모두가 노동의 결실을 정당하게 나누는 인간 해방을 통해서만 진정한 풍요로움이 실현될 수 있다고 그는 외친 것이다.

오늘날에도 여전히 유효한 마르크스의 이 '부의 비결'은 우리에게 자본주의 시스템의 작동 방식과 그 이면에 숨겨진 모순을 끊임없이 성찰하게 만든다.

찰스 디킨스의 『크리스마스 캐럴』

찰스 디킨스의 『크리스마스 캐럴』은 스크루지(Ebenezer Scrooge)라는 구두쇠 노인의 극적인 변화를 통해, 참된 부와 행복은 물질적 소유가 아닌 인간적인 관계와 관대함에 있음을 보여주는 작품이다. 여기서 '부자 되는 법'은 영혼을 회복하여 참된 풍요를 얻는 과정을 의미한다.

- 인간애와 나눔이야말로 가장 강력하고 지속 가능한 '부'이며, 영혼을 회복하여 관대해지는 것이야말로 가장 고귀한 '부자의 비결'이다.

42

나는 이제 가장
행복한 사람이야

"흥! 헛소리!"(Bah! Humbug!) 19세기 런던, 세상에서 가장 돈이 많았지만, 동시에 가장 불행했던 남자, 에버니저 스크루지가 살고 있었다. 찰스 디킨스의 『크리스마스 캐럴』은 이 구두쇠 노인의 극적인 회심을 통해, 우리에게 '진정한 부의 비결'은 은행 계좌가 아닌, 영혼의 관대함에 있음을 가르쳐 준다.

- 돈에 미쳐 영혼을 가난하게 만들다

스크루지에게 돈은 목적 그 자체였다. 그는 젊은 시절, 약혼녀 벨에게 **"당신에게는 돈이 가장 중요한 가치가 아니지만, 나에게는 돈이 가장 중요하다"**라고 선언하며 사랑까지 포기한다. 돈에 대한 집착이 사랑과 행복이라는 삶의 가장 귀한 부(富)를 파괴한 것이다.

그는 막대한 재산을 소유했지만, 그의 삶은 춥고 외롭

고 가난한 정신적 감옥이었다. 그의 죽은 동업자 말리 유령은 쇠사슬을 끌고 나타나 스크루지에게 경고한다. "인간의 참된 사업은 인간애였어야 한다!" 인간적 책임을 외면한 채 쌓아 올린 축재는 결국 소유자를 묶는 족쇄에 불과했던 것이다.

- 세 유령이 보여준 '가난 속의 풍요'

크리스마스이브, 세 유령(과거, 현재, 미래)의 방문은 스크루지의 가치관을 산산조각 낸다. 특히 '현재의 유령'이 안내한 가난한 직원 크래칫의 집에서 스크루지는 충격적인 장면을 목격하게 되는데, 그들은 물질적으로 궁핍하지만, 서로를 사랑하고 유쾌한 가족애로 가득 찬 비물질적인 풍요를 누리고 있었다.

반면, '미래의 유령'이 보여준 것은 모두에게 외면당하고 비참하게 죽음을 맞는 스크루지 자신의 모습이었다. 이 비참한 미래는 그에게 재산의 진정한 용도를 깨닫게 한다. 돈은 '쌓아두는 것'이 아니라, 고통받는 사람들을 돕고 '행복을 창조하는 도구'로 사용될 때 비로소 가치를 발휘한다는 것을.

- 관대함의 복리: 가장 행복한 부자의 탄생

 극적으로 회개한 스크루지는 아침 해가 떠오르자마자 세상에서 가장 관대한 사람으로 거듭 태어난다. 그는 직원 크래칫에게 임금을 올려주고, 병든 아이를 돕고, 조카에게 따뜻한 온정을 베푼다. 이 순간, 그의 '부자가 되는 법'의 정의는 완전히 바뀌게 된다. 돈을 최대한 모으는 행위에서 돈을 최대한 베풀어 세상의 행복을 늘리는 행위로 전환된 것이다. 스크루지가 **"나는 이제 세상에서 가장 행복한 사람이야!"** 라고 외치는 것은, 물질적 부를 통한 것이 아닌 영혼의 구원을 통한 참된 풍요를 얻었기 때문이다.

 스크루지는 재물을 나눔으로써 주변 사람들의 행복을 증진시켰고, 이 행복은 그에게 사랑, 존경, 그리고 진정한 관계라는 형태로 복리처럼 되돌아왔다. 디킨스는 『크리스마스 캐럴』을 통해 인간애와 나눔이야말로 가장 강력하고 지속 가능한 '부'이며, 영혼을 회복하여 관대해지는 것이야말로 가장 고귀한 '부의 비결'임을 역설하고 있다.

F. 스콧 피츠제럴드의 『위대한 개츠비』

F. 스콧 피츠제럴드의 『위대한 개츠비』는 1920년대 재즈 시대로 대표되는 미국의 황금기를 배경으로, 벼락부자가 된 제이 개츠비의 삶과 비극을 통해 아메리칸드림의 타락과 부의 도덕적 공백을 날카롭게 해부하는 작품이다. 개츠비에게 '부의 비결'은 과거의 사랑을 되찾기 위한 수단이었을 뿐, 목적 자체가 될 수 없었다.

- 도덕적 기반이 없는 부의 축적은 아무리 화려해도 모래성처럼 허물어지며, 부를 가진 자들이 도덕적 책임을 외면할 때 사회 전체는 타락할 수밖에 없다.

43

부(富)만으로는
사랑을 살 수 없다

 1920년대, 미국의 재즈 시대는 돈의 광란이었다. 모든 것이 가능해 보였던 이 황금기를 배경으로 F. 스콧 피츠제럴드는 『위대한 개츠비』를 통해 부(富)의 가장 공허한 진실을 폭로한다. 제이 개츠비에게 '부자 되는 법'은 목적이 아닌, 과거의 사랑을 되찾으려는 '환상적인 도구'였을 뿐, 그 대가는 비극이었다.

- '새로운 돈'은 왜 천대받는가?

 개츠비는 웨스트 에그의 호화로운 저택에서 매주 성대한 파티를 열었다. 그의 천문학적인 부는 불법적인 밀주 사업에서 비롯된 '새로운 돈(New Money)'으로 이루어진 것이었다. 그러나 그의 부는 이스트 에그의 톰 뷰캐넌 같은 '오래된 돈(Old Money)' 소유자들에게는 끊임없는 경멸의 대상이 된다. 톰과 데이지는 자신들의 부를 도덕적 우월성의 증거로 삼아, 개츠비가 아무리 돈을 많이 써도 진정한 상류 사회에 편입되는 것을 거부한다.

이 갈등은 아메리칸드림의 비극을 보여준다. 아메리칸드림은 노력만으로 성공할 수 있다고 약속했지만, 현실은 이미 부의 출처를 따지며 계층을 고착화했고, '새로운 부자'는 영원히 배제되는 차가운 현실을 드러낸다.

- 과거를 재구매하려는 슬픈 시도

개츠비의 부는 오직 한 사람, 과거의 연인 데이지 뷰캐넌을 되찾기 위한 수단이었다. 그의 성대한 파티와 호화로운 모든 재산은 데이지의 시선을 끌고, 시간을 되돌려 과거의 순수했던 사랑을 재구매하려는 필사적인 장치였던 것이다. 개츠비는 돈이 현실을 조작하고 과거를 되살릴 수 있다는 환상에 사로잡혀 있었다. 하지만 데이지는 이미 개츠비의 '새로운 돈'이 아닌, 톰이 상징하는 '오래된 돈'의 안정감과 익숙함에 길들여져 있었다.

결국 그의 천문학적인 부는 데이지의 감정이나 과거를 되살릴 수 있는 힘이 없었다. 물질적인 부가 인간의 가장 근본적인 감정 앞에서는 얼마나 허망하고 무력한지 보여주는 냉혹한 진실이다.

- 물질주의가 삼킨 도덕적 공백

개츠비의 비극적인 몰락은 그 개인의 실패를 넘어, 1920년대 미국 사회의 도덕적 파산을 상징한다.

소설에서 '오래된 돈'을 가진 톰과 데이지는 타인에게 해를 끼치는 사건을 일으키고도, 자신들의 막대한 부라는 장벽 뒤로 숨어 도덕적, 법적 책임으로부터 완벽하게 회피한다. 그들은 돈을 이용해 세상을 어지럽히고도, 책임 없이 '떠나버리는' 이기적인 존재들이다.

반면, 과거의 순수한 꿈을 불법적인 돈으로 구현하려 했던 개츠비는 결국 희생양이 되어 비극적인 죽음을 맞는다. 피츠제럴드는 경고한다. 도덕적 기반이 없는 부의 축적은 아무리 화려해도 모래성처럼 허물어지며, 부를 가진 자들이 도덕적 책임을 외면할 때 사회 전체가 얼마나 타락할 수 있는지를. 개츠비에게 '부'는 결국 사랑을 되찾는 대신, 꿈과 영혼을 잃는 길이었던 것이다.

오노레 드 발자크의 『고리오 영감』

오노레 드 발자크의 『고리오 영감(Le Père Goriot)』은 19세기 초 돈과 신분 상승 욕망이 모든 가치를 지배하는 파리 사회의 냉혹한 현실을 적나라하게 보여준다. 이 소설에서 '부자 되는 법'은 도덕적 순수성을 잃는 과정이자, 부(富)가 어떻게 가족과 인간관계를 파멸시키는지를 보여주는 비극적인 교훈이다.

- **돈은 곧 "권력"이며, 파리에서는 능력이나 미덕이 아닌 돈만이 모든 것을 가능하게 한다.**

파리에서는
양심이 사치다

　19세기 초 프랑스 파리. 이 도시는 허세와 야망, 그리고 돈이라는 절대 권력이 지배하는 냉혹한 정글이었다. 오노레 드 발자크의 『고리오 영감』은 이 정글 속에서 순수함을 잃는 대가로 부를 쟁취하는 과정과, 부가 가족 관계까지 어떻게 파멸시키는지를 보여주는 충격적인 비극이다.

- 탐욕의 먹잇감이 된 맹목적인 사랑

　주인공 고리오 영감은 국수업으로 막대한 부를 쌓았다. 하지만 그의 재산은 오직 두 딸, 델핀과 아나스타지의 상류사회 진출을 위한 희생양이 된다. 그는 딸들을 귀족 가문에 시집보내기 위해 전 재산을 쏟아붓고, 결혼 후에도 끝없이 요구되는 사치 비용 때문에 은그릇마저 팔아치운다.

고리오 영감의 비극은 돈이 사랑보다 우위에 있는 사회를 적나라하게 보여준다. 딸들에게 돈을 베풀 때는 '아버지'였지만, 돈이 사라지자 그는 자신들의 상류 생활에 수치스러운 존재가 된다. 그는 결국 초라한 하숙집에서 쓸쓸히 죽어가면서도 두 딸의 임종 방문조차 받지 못한다. 이는 돈이 가장 원초적인 부성애마저 짓밟고 한 인간을 파멸시키는 냉혹한 힘임을 상징한다.

- 순수함을 팔아라!

시골에서 상경한 이상적인 법학도 외젠 드 라스티냐크는 이 파리의 현실을 목격하며 갈등한다. 그는 부유한 친척과, 냉혈한 현실주의자 보트랭 사이에서 선택을 강요받는다. 탈옥수 보트랭은 라스티냐크에게 "파리에서 빨리 부자가 되려면 정직한 노동 대신 음모를 꾸며라"라고 냉소적으로 조언한다. 보트랭은 무고한 사람을 희생시켜 유산을 가로채는 '악마의 제안'까지 한다. 라스티냐크는 이 극단적인 제안을 거절하지만, 결국 도덕적 타협을 선택한다. 그는 고리오 영감의 딸 델핀을 유혹해 사회적 후원이라는 '가장 빠른 부자의 길'로 투신한다. 발자크는 라스티냐크의 선택을 통해, 돈이 지배하는 사회에서 '성공'은 정직한 노력이 아닌, 배신, 음모, 그리고 상류층과의 연결을 통해서만 가능하다는 냉혹한 진실을 폭로하고 있다.

- 돈이 곧 권력이다

하숙집의 또 다른 핵심 인물, 보트랭의 존재는 파리 사회의 도덕적 몰락 그 자체를 상징한다. 그는 "돈은 곧 권력"이며, 파리에서는 능력이나 미덕이 아닌 돈만이 모든 것을 가능하게 한다고 단언한다. 보트랭의 냉소적인 현실론은 돈을 향한 욕망을 숨기지 않고, 그 욕망을 충족시키기 위해 살인까지도 서슴지 않는 파리 자본주의의 어두운 그림자다. 그의 철학은 **"양심은 사치다. 돈을 얻으려면 양심을 버려야 한다"**라는 무서운 메시지를 전달하며, 『고리오 영감』 전체를 관통하는 냉혈한 법칙이 된다. 라스티냐크가 마지막으로 내뱉는 선언, "이제부터 파리와 나와의 단판싸움이다!"라는 그의 순수함이 죽고, 부를 향한 냉혹한 투쟁이 시작되었음을 알린다. 『고리오 영감』은 물질적 성공이 영혼의 파멸과 동일시되던 19세기 파리의 잔혹한 초상화이다.

도스토옙스키의 『카라마조프가의 형제들』

도스토옙스키의 『카라마조프가의 형제들(The Brothers Karamazov)』은 물질적 욕망, 신앙, 자유의지 등 인간 본연의 심연을 탐구하는 철학적 대하소설이다. 이 소설에서 '부자 되는 법'은 단순히 재산을 모으는 기술이 아니라, 인간의 도덕적 파멸과 영혼의 타락을 대가로 하는 비극적인 과정으로 그려진다.

- 돈은 도덕을 유지하는 최소한의 방어선이다.

45

3천 루블의 저주

도스토옙스키의 『카라마조프가의 형제들』은 단순한 가족 살해 미스터리가 아니다. 이 소설은 돈과 성적 욕망이라는 원초적인 집착이 어떻게 인간의 도덕성을 파멸시키고 영혼을 타락시키는지를 보여주는, 러시아 문학의 가장 어두운 거울이다. 이 소설에서 '부의 비결'은 비극적인 파국을 대가로 치르는 과정으로 그려진다.

- 돈과 여자를 둘러싼 원초적 증오, 아들을 등친 아버지

카라마조프 가문의 방탕한 아버지 표도르 파블로비치는 첫째 아들 드미트리(미챠)의 어머니에게서 물려받은 유산을 가로채고 끝까지 돌려주지 않는다. 이 돈에 대한 갈등은 두 사람 모두 관능적인 미인 그루센카에게 빠져들면서 추악한 질투와 증오로 극단으로 치닫는다. 이 일화는 '부'란 곧 '인간의 기본적인 도덕과 부성애(父性愛)를 포기하는 것'임을 보여준다. 표도르는 돈과 성적 욕망이 지배하는 저열한 본능의 화신이며, 아들 드미트리 역시 그와 똑같은 '광적인 욕망'을 물려받았다. 돈과 여자라는 원초적 욕망은 가족을 파괴하고, 최종적으로 존속 살해라는 비극을 낳는 직접적인 도화선이 된다.

- 돈이 무너뜨린 명예의 방어선

장남 드미트리의 비극은 약혼녀에게 받은 3천 루블에서 시작되다. 그는 이 돈을 그루셴카와의 도망 자금으로 탕진하거나, 갚기 위해 발버둥 치며 명예와 도덕적 양심을 잃은 것에 절망한다. 그는 자신이 도둑은 아니라고 주장하지만, 빚을 갚지 못하는 절망감과 그루셴카에 대한 집착이 그를 극단적인 행동(아버지를 향한 폭력)으로 몰아간다.

드미트리에게 돈은 도덕을 유지하는 최소한의 방어선이었지만, 그 선이 무너지자 그는 살인자로 몰리며 모든 것을 잃게 된다. 그는 돈을 '심장의 넘침', '술과 향연의 부속물'로 생각하며 낭비했고, 이 낭비벽 때문에 파멸한다. 이 일화는 정직하게 부를 모으는 것의 어려움과 일확천금의 유혹에 무너지는 인간의 모습을 보여주며, 돈 문제가 곧 존재의 문제로 직결되는 당대 러시아 사회의 단면을 비춘다.

- 지적 오만이 부른 파멸

지식인이자 무신론적 회의주의자인 둘째 아들 이반 카라마조프는 직접 살인을 저지르지 않았다. 그러나 '신이 없다면 모든 것이 허용된다'는 그의 지적 철학은 하인 스메르쟈코프의 아버지 살해 계획을 도덕적으로 방임하게 만든다. 이반은 가족의 재산 갈등을 냉소적으로 관망했고, 살인에 대한 힌트를 무시한 채 도시를 떠나버렸다.

이반의 사상은 물질적 탐욕이 도덕적 구속에서 해방될 때 어떤 파멸을 초래하는지를 증명한다. 그의 몰락은 '부자 되는 법'이나 '돈을 쓰는 법'에 대한 도덕적 판단을 포기하는 것이 얼마나 위험한 결과를 낳는지를 보여준다. 돈에 대한 무책임한 지적 방관 역시 비극의 원인이 됨을 시사하며, 카라마조프 가문의 갈등이 단순히 경제 문제가 아니라 신과 인간의 도덕성에 대한 철학적 문제와 깊이 얽혀 있음을 보여주고 있다.

몰리에르의 희곡 『수전노(L'Avare)』

몰리에르의 희곡 『수전노(L'Avare)』는 돈에 대한 집착이 낳는 인간의 탐욕과 비이성적인 행동을 신랄하게 풍자한다. 주인공 아르파공(Harpagon)은 '부자 되는 법'을 극단적인 인색함으로 실천하는 인물이며, 그의 행동은 재산을 지키려는 강박이 어떻게 인간적인 가치를 파괴하는지 보여준다.

- 돈에 대한 집착이 인간의 사랑, 가족애, 행복과 같은 근본적인 가치를 짓밟고, 결혼이라는 신성한 행위마저 냉정한 계산의 장으로 변질시킨다.

금화 궤짝에
영혼을 저당 잡히다

 17세기 프랑스의 위대한 풍자극, 몰리에르의 희곡 『수전노(L'Avare)』는 돈에 대한 집착이 인간을 얼마나 비이성적이고 잔혹하게 만드는지 보여주는 걸작이다. 주인공 아르파공(Harpagon)은 극단적인 인색함을 '부의 비결'로 착각하는 인물이다. 그의 삶은 재산을 지키려는 강박이 어떻게 인간적인 가치를 파괴하는지 보여주는 생생한 블랙 코미디였다.

- "내 피와 내장" 1만 에큐 궤짝

 아르파공의 삶의 목적은 오직 하나, 돈 궤짝을 지키는 것이다. 그는 전 재산인 금화 1만 에큐가 든 궤짝을 정원에 묻어두고, 이를 "다정한 친구"이자 자신의 "생명"처럼 여긴다. 그는 하인이나 아들까지도 도둑으로 의심하며 밤낮으로 불안에 떤다. 결국 궤짝이 사라지자, 아르파공은 광기에 가까운 히스테리를 부린다. 그는 자신이 살해 당했다고 외치며 온 세상과 모든 사람을 의심한다.

아르파공에게 '부의 비결은' 돈을 벌어 쓰는 것이 아니라, 무조건 숨기고 지키는 것이었다. 그는 돈을 묻어두고 그 실질적인 효용을 누리지 못한 채, 소유 자체에서만 만족을 느꼈다. 몰리에르는 이 비이성적인 집착을 통해, 인색함이 인간의 이성과 도덕성을 어떻게 파괴하고 삶의 목적 자체를 돈에 종속시키는지 신랄하게 풍자한 것이다.

- 가족은 없다, 아들과의 고리대금 거래

막대한 부를 가졌음에도 아르파공은 고리대금업을 하며 돈을 불리는 데 집착한다. 아이러니하게도, 그의 아들 클레앙트는 아버지에게 물려받은 유산이 없어 아버지에게 이자율이 터무니없이 높은 고리대금을 쓰게 된다. 아르파공은 자신의 돈을 빌리러 온 사람이 아들이라는 사실을 알고 분노하며 서로를 저주한다. 이 거래에는 마차 수리 같은 이상한 조건까지 붙어 그의 인색함은 극대화된다. 이 일화는 아르파공의 탐욕이 가족 관계마저 냉혹한 경제적 이해관계로 전락시키는 모습을 보여준다. 그는 아들마저 잠재적 채무자로 보고, 혈육의 정보다 이윤 극대화를 우선시하는 천민자본주의적인 행태를 통렬하게 비판한다.

- 결혼은 행복을 위한 도구일 뿐이다

아르파공에게 결혼은 '사랑의 결합'이 아닌 '자산의 결합'이자 '지출을 줄이는 수단'이었다. 그는 자신의 노후를 위해 젊고 가난한 처녀 마리안과 결혼하려 하고, 딸 엘리즈는 부유하고 나이 많은 앙셀므 영감에게, 아들 클레앙트는 돈 많은 과부에게 억지로 시집·장가보내려 한다. 자녀들의 사랑이나 행복은 그의 관심사가 아니었다.

그는 며느리나 사위가 지참금이나 유산을 가져오기를 기대하는 동시에, 결혼 후에도 생활비를 아끼기 위해 최소한의 지출만을 하려 한다. 이 일화는 돈에 대한 집착이 인간의 사랑, 가족애, 행복과 같은 근본적인 가치를 짓밟고, 결혼이라는 신성한 행위마저 냉정한 계산의 장으로 변질시키는 세태를 풍자하는 몰리에르의 날카로운 비판이다.

『채봉감별곡』

『채봉감별곡』은 조선 후기에서 개화기 무렵의 사회상을 배경으로 한 애정 소설이다. 이 작품에서 '부의 비결'은 돈으로 신분과 벼슬을 사려던 봉건적 지배층의 몰락과 주인공 채봉의 현실적이고 주체적인 선택을 대비시키면서 제시된다. 이 소설에서 '부의 비결'은 주로 부정부패를 통한 벼슬과 재물의 획득 시도와 그에 대한 현실적 대가를 보여준다.

- **능력과 실력을 통해 얻은 공정한 부만이 진정한 가치를 지니며, 건강한 사회를 위한 진정한 '부'는 능력에 따른 공정한 분배에 있다.**

몸값을 팔아
아버지 옥바라지를 하다

 조선 후기 사회의 애정 소설 『채봉감별곡』은 봉건적 지배층의 몰락과 그 속에 피어난 주인공 채봉의 비극적인 선택을 통해, 부정부패로 얻은 부(富)가 얼마나 허무하고 위험한지를 보여준다. 이 작품에서 '부'는 '타락한 욕망과 그 냉혹한 대가'로 드러난다.

- 매관매직의 덫, 김 진사의 파멸

 채봉의 아버지 김 진사는 딸 채봉을 서울의 세도가 허 판서의 첩으로 바치고, 그 대가로 벼슬(관직)을 얻어 신분과 재물의 상승을 꾀한다. 그는 자식까지 팔아 돈과 권력을 얻으려는 매관매직을 '부의 비결'로 선택한 것이다. 그러나 김 진사의 부정적인 욕망은 즉각적인 파멸을 불러온다. 상경 도중 화적(도적 떼)을 만나 준비했던 재물을 모두 잃고, 약속을 지키지 못했다는 이유로 허 판서에게 고발당해 하옥되는 비참한 신세가 되고 만다. 이 일화는 돈과 권력을 부정하게 결합하여 얻으려는 부가 결국 재물의 상실과 개인의 파멸이라는 비참한 결과로 이어진다는 것을 보여주며, 조선 말기의 부패한 세태를 통렬하게 경고한다.

- 딸의 비극적인 선택, '몸값'으로 재물을 마련하다

아버지가 하옥되자, 딸 채봉은 스스로 기생이 되는 비극적인 결단을 내린다. 채봉은 기생 어미에게 몸값을 받고, 그 돈을 어머니에게 주어 아버지의 옥바라지 비용과 구명 활동에 쓰게 한다. 이로써 아버지는 풀려나지만, 채봉은 양반 규수의 신분을 포기하고 천한 기생(송이)이 되어 재물을 마련하는 길을 선택한다.

채봉의 '부의 비결'은 자신의 인간적 가치와 명예를 희생하여 생존에 필요한 재물을 마련하는 것이었다. 이는 벼슬아치들의 탐욕과 봉건 사회의 몰락이 개인의 삶에 미치는 비극적인 영향을 보여주며, 돈이 신분을 역전시키고 인간의 도리와 가치를 압도하는 냉혹한 세태를 비판하는 장치로 작용한다.

- 평안감사의 통찰, 능력에 따른 공정한 분배

다행히 소설은 비극으로 끝나지 않는다. 평양 감영에 부임한 평안감사 이보국은 채봉(기생 송이)의 빼어난 서화와 재능을 높이 평가하고, 그녀를 기생으로만 두지 않고 관아의 비서 역할을 맡긴다. 이후 이 감사는 채봉의 사연을 듣고, 채봉의 연인 장필성의 실력을 인정하고 그를 평양 감영의 이방으로 채용하여 두 사람이 재회하게 돕고, 최종적으로 결혼시켜 준다. 이 평안감사는 이상적인 통치자의 모습을 보여준다. 그는 신분(양반/기생)이나 재물이 아닌 개인의 실질적인 능력을 중시하여 채봉에게 합당한 사회적 역할과 대우를 해준다. 이는 능력과 실력을 통해 얻는 공정한 부만이 진정한 가치를 지니며, 건강한 사회를 위한 진정한 '부의 비결'은 능력에 따른 공정한 분배에 있음을 제시하고 있다.

윌리엄 셰익스피어의 『베니스의 상인』

윌리엄 셰익스피어의 『베니스의 상인』은 단순한 희극을 넘어, 중세에서 근대로 넘어가는 시점에서 발생한 돈의 본질, 상업 윤리, 그리고 재물을 둘러싼 도덕적 갈등을 날카롭게 보여주는 작품이다. 여기서 '부자 되는 법'은 종교와 법률 앞에서 심각한 딜레마에 빠진다.

- 당신이 '부자가 되는 것'은 타인을 돕기 위한 미덕인가, 아니면 피도 눈물도 없는 법적 계약의 칼인가? 돈의 힘이 인간성을 압도할 때, 사회는 어디로 가는가?

48

1파운드의 살점

번영하던 16세기 베니스. 이곳은 중세의 신앙과 근대의 상업이 뒤섞이던 곳이었다. 윌리엄 셰익스피어의 『베니스의 상인』은 단순한 로맨틱 코미디가 아니다. 그것은 돈을 둘러싼 인간의 가장 치열한 윤리적 전쟁터였다. 이 작품에서 '부의 비결'은 법정의 차가운 심판대에 놓인다.

- 금지된 부(富)와 허용된 부(富)의 충돌

극의 중심에는 두 인물이 나온다. 유대인 고리대금업자 샤일록과 기독교인 상인 안토니오다.

안토니오의 부는 배(船)에 실린 상품, 즉 실물 경제의 생산적 노동에서 나온다. 반면, 샤일록의 부는 이자(고리대)를 통한 금융적 순환에서 나온다. 당시 기독교 윤리는 '돈이 돈을 낳는' 이자 놀이를 죄악시하며 샤일록을 천대했다.

샤일록에게 고리대금업은 생존이자 합법적인 부자가 되는 길이었지만, 안토니오에게는 비난받아 마땅한 탐욕이었다. 이들의 대립은 '노동을 통한 부'와 '화폐 순환을 통한 부'라는 초기 자본주의의 두 축이 얼마나 첨예하게 충돌했는지 보여준다.

- 살점 한 근의 비극

샤일록과 안토니오의 거래에서 탄생한 '살점 한 근(A Pound of Flesh)' 계약은 이 작품의 핵심이다. 안토니오가 기한 내에 빚을 갚지 못하면, 샤일록은 그의 심장 근처 살점 1파운드를 가져갈 권리를 주장한다.

샤일록이 법정에서 이 계약의 이행을 주장한 것은 단순한 복수심을 넘어선다. 그는 재산 계약의 법적 절대성을 상징한다. 근대 자본주의 사회에서 사적 재산권을 보호하는 계약법의 엄격한 역할을 극단적으로 보여준 것이다. 샤일록에게 법은 자신의 부와 권리를 지키는 유일한 무기였다. 그러나 법정 장면은 계약의 형식적 정의(Justice)가 인간적인 자비(Mercy)와 충돌할 때 어떤 파국이 발생하는지를 적나라하게 보여준다. 법의 엄격함이 샤일록에게 역으로 적용되어, 그는 결국 재산을 몰수당하고 강제 개종당하는 끔찍한 파국을 맞는다.

- 나눔의 미덕 vs. 증식의 의무

셰익스피어는 이 비극적인 결말을 통해 재물을 다루는 두 가지 윤리관을 보여준다. 안토니오와 바사니오 같은 기독교인들은 재물을 친구와 공동체를 위해 아낌없이 사용하며 '나눔과 순환'을 미덕으로 여기는 반면, 샤일록은 돈을 잃지 않고 늘리는 것을 생존의 기본 원칙으로 삼는 '보존과 축적'의 윤리를 따른다. 베니스의 상업 세계는 결국 자본주의적 증식 윤리를 지향했음에도 불구하고, 사회는 종교적 자비 윤리의 이름으로 샤일록을 심판했다.

『베니스의 상인』은 우리에게 묻는다. 당신이 '부자가 되는 것'은 타인을 돕기 위한 미덕인가, 아니면 피도 눈물도 없는 법적 계약의 칼인가? 돈의 힘이 인간성을 압도할 때, 사회는 어디로 가는가?

허균의 『홍길동전』

허균의 『홍길동전(洪吉童傳)』은 주인공 홍길동이 신분 차별을 극복하고, 탐관오리의 부당한 재물을 탈취하여 가난한 백성에게 나누어주는 의적(義賊) 활동을 통해 부(富)와 권력에 대한 정의로운 시각을 제시한다. 여기서 제시하는 '부의 비결'은 개인이 재산을 축적하는 방법이라기보다는, 부당한 재산을 응징하고 재물의 정의로운 순환을 실현하는 사회 개혁적 방식을 의미한다.

- '일반적인 노력'을 뛰어넘는 특별한 능력(재주)이 있어야 부당한 권력 구조를 깨고 정의를 실현할 수 있다.

'둔갑술'로 훔친 재물

 조선 시대 최초의 한글 소설 허균의 『홍길동전(洪吉童傳)』은 단순히 신분 차별을 극복한 영웅의 이야기가 아니다. 주인공 홍길동의 활동은 부당한 권력과 재물을 응징하고, 부(富)를 정의롭게 순환시키는 사회 개혁적 '부의 비결'을 제시한다. 홍길동에게 재물을 모으는 기술보다 중요한 것은 재물을 어떻게 사용하느냐의 도덕성이었다.

- 탐관오리의 금고를 털다

 서자 출신으로 억압받던 홍길동은 활빈당(活貧黨, 가난한 사람들을 살리는 무리)을 조직한다. 그는 팔도를 돌아다니며 탐관오리들이 백성들을 수탈하여 모은 부당한 재물을 전문적으로 털었다. 길동은 지방 수령들이 불의하게 모은 돈과 곡식을 탈취하여, 이를 가난하고 의지할 곳

없는 백성들에게 나누어준다. 이 일화는 부패한 관리들의 '부'는 백성의 고통을 기반으로 한다는 사회 비판을 담고 있다. 홍길동의 행동은 단순히 도둑질이 아니라, 정의로운 재분배를 통해 부의 불의한 축적을 응징하는 행위이다. 이는 권력을 이용한 수탈이 아닌 도덕적이고 정의로운 방법으로만 부가 축적되어야 한다는 민중의 간절한 염원을 대변한다.

- 쌓아두는 부는 타도되어야 한다

홍길동의 응징 대상은 탐관오리에만 국한되지 않았다. 그는 합천 해인사와 같이 재물을 과도하게 축적하고 타락한 사찰의 재물도 탈취했다. 길동은 도술을 사용하여 관군을 따돌리고 부하들을 시켜 해인사에 있는 모든 재물을 털어왔다. 재물을 지키지 못한 승려들은 겁에 질려 소리만 지를 뿐이었다. 이 사건은 종교적 권위를 등에 업고 탐욕을 부리는 세력의 부당한 재물 축적 역시 응징의 대상임을 보여준다. 재물을 쌓아두고 베풀지 않는 행위, 즉 순환되지 않는 부는 홍길동의 정의로운 기준에서 볼 때 타도되어야 할 대상이었다. 이는 재물을 모으는 것보다 쓰임새의 정의를 중요시하는 홍길동의 가치관을 극명하게 드러낸다.

- 능력주의적 '혁신 부자'의 탄생

홍길동이 둔갑술과 축지법을 부려 자신과 똑같이 생긴 일곱 명의 '초인(草人)'을 만들어 팔도 관아를 동시에 습격했다는 소문이 돌자, 조정은 크게 혼란에 빠진다. 임금은 도저히 잡을 수 없는 '신출귀몰한' 존재에 놀라 길동의 존재를 인정하게 된다.

홍길동의 도술은 '일반적인 노력'을 뛰어넘는 특별한 능력(재주)이 있어야 부당한 권력 구조를 깨고 정의를 실현할 수 있다는 점을 상징한다. 즉, 봉건 사회의 억압적인 구조 속에서 부자가 되기(혹은 정의를 실현하기) 위해서는 신분이나 가문에 얽매이지 않는 혁신적인 능력이 필수적이라는 메시지를 담고 있다. 서자(庶子) 출신인 길동이 자신의 능력으로 세상을 주도하는 이 모습은 능력주의적 가치의 반영이자, 민중이 염원하던 정의로운 사회 개혁의 청사진이었다.

헨리크 입센의 『인형의 집』

헨리크 입센의 『인형의 집』은 19세기 말 중산층 가정의 위선을 폭로하는 작품으로, '부자 되는 법'을 직접적으로 다루기보다는 돈과 경제적 독립이 여성의 삶과 인간관계, 도덕성에 미치는 영향에 대한 날카로운 비판을 담고 있다.

- '부의 비결'은 돈에 종속된 관계와 허위로부터 벗어나, 스스로 경제적 독립을 쟁취하는 것임을 선언하는 데 있다.

'낭비꾼 작은 새'의 반란, 돈과 여성의 비극

19세기 말, 헨리크 입센의 『인형의 집』은 겉으로는 완벽해 보이는 중산층 가정의 위선을 무너뜨린 충격적인 작품이다. 이 소설은 '부자 되는 법'을 가르치기보다, 경제적 독립이 금지된 여성의 삶이 돈과 권위에 어떻게 짓밟히는지에 대한 날카로운 비판을 담고 있다. 주인공 노라의 비밀은, 행복하다고 믿었던 삶이 얼마나 위태로운 '인형의 집'이었는지를 폭로한다.

- 아버지의 서명을 위조하다

노라는 남편 헬메르가 병에 걸려 요양이 필요했을 때, 당시 여성에게 금지되었던 대출을 받기 위해 비밀리에 아버지의 서명을 위조하여 거액의 사채를 빌린다. 그녀는 이 빚을 갚기 위해 남편 몰래 허드렛일을 하며 돈을 모은다. 노라의 이 행위는 사랑하는 사람을 살리기 위한 희생이었다. 하지만 동시에, 사회적 제약 속에서 비도덕적인 수단을 동원해야만 했던 여성의 경제적 무력함을 상징한다. 노라는 돈을 벌고 관리하는 독립된 '개인'이 되고자 했으나, 그 행위 자체가 법적으로는 '범죄'로 규정되는 모순에 빠진다. 그녀의 '비밀 채무'는 결국 부부 관계의 파국을 초래하는 핵폭탄이 된다.

- "낭비꾼 작은 새"가 된 노라

헬메르는 아내 노라를 "낭비꾼 작은 새", "종달새" 같은 애칭으로 부르며 애정을 과시한다. 하지만 노라가 돈을 쓸 때마다 "또 돈을 낭비했느냐?"라며 핀잔을 주고, 마카롱 하나를 사 먹는 사소한 일까지 통제한다.

헬메르에게 부(富)는 단순한 재산이 아니라 가장의 권위와 지배력을 상징했다. 그는 아내에게 돈을 버는 능력이 없다고 비난하며, 노라를 자신의 보호 아래 있는 무지하고 어리석은 '인형'처럼 취급하는 것을 즐겼다. 노라가 겪는 갈등은 단순한 경제적 궁핍이 아니라, 남편의 경제적 우위를 통한 인격적 억압이라는 것을 보여준다.

- '상품으로서의 결혼'

노라의 친구 크리스티네 린데의 삶은 당시 여성들에게 '부의 비결'이 무엇이었는지를 극명하게 보여준 소설이다. 그녀는 사랑했던 남자를 떠나 경제적 안정을 보장해 줄 수 있는 부유한 남자와 결혼했다. 이 결혼은 병든 어머니와 동생들을 부양하기 위한 희생적인 선택이었다.

린데 부인의 삶은 여성에게 있어 '부'란 개인의 감정이나 자아실현을 포기하고 자신을 경제적 상품으로 교환하는 것이었음을 단적으로 보여준다. 그녀가 겪은 갈등은 생계를 위한 불가피한 선택이었으며, 이는 당시 여성들의 유일한 '경제 활동' 영역이 결혼 혹은 타인에게 의존하는 것뿐이었음을 시사한다.

『인형의 집』은 노라가 "나는 인형이었다"라고 깨닫고 집 문을 박차고 나가는 것으로 끝을 맺는다. 그녀의 최종적인 '부의 비결'은 돈에 종속된 관계와 허위로부터 벗어나, 스스로 경제적 독립을 쟁취하는 것임을 선언하는 것에 있었다.

빅토르 위고의 『레 미제라블』

빅토르 위고의 『레 미제라블』에서 '부의 비결'은 단순한 경제적 성공보다는 빈곤, 범죄, 그리고 재물에 대한 도덕적 책임이라는 무거운 주제와 얽혀 있다. 소설은 정당한 부를 축적하는 과정과 동시에 부자들이 져야 할 사회적 의무를 강조한다.

- 재물을 얻는 것만큼이나 그것을 어떻게 사용하는지에 대한 도덕적 책임을 다할 때 비로소 개인과 사회 모두에게 구원의 길이 열린다.

51

돈은 영혼을
구원할 수 있는가?

빵 한 조각을 훔친 죄로 19년을 감옥에서 보낸 죄수. 그가 훗날 거부(巨富)이자 존경받는 시장(市長)이 된다면, 당신은 그의 '부의 비결'을 따르겠는가? 빅토르 위고의 대하소설 『레 미제라블』은 단순한 경제적 성공이 아닌, 도덕적 책임과 영혼의 구원이라는 무거운 렌즈를 통해 부의 진정한 의미를 탐구한다.

- 노동과 혁신으로 쌓은 '도덕적 부'

주인공 장 발장은 미리엘 주교의 자비(은촛대)에 감화되어 새 삶을 시작한다. '마들렌 씨'라는 이름으로 정착한 그는 유리 가공업에 혁신을 일으켜 단숨에 큰 부를 축적한다. 그의 '부의 비결'은 애덤 스미스식의 성실한 노동과 혁신에 기반하고 있다. 그러나 그의 부는 여기서 멈추지 않는다. 발장은 이 돈을 지역 사회의 번영과 가난한 사람들을 돕는 데 사용한다. 공장을 통해 일자리를 제공하고, 굶주리는 사람들을 돌본다. 그의 부는 과거의 빈곤과 범죄를 극복하고, 타인을 구원하는 윤리적인 책임을 실현하는 도구가 된다. 그의 재물은 그의 도덕적 구원 그 자체였다.

- 착취와 범죄로 몰락하는 '가짜 부'

장 발장과 극명하게 대비되는 소설 속 인물들은 악덕 여관 주인이자 강도인 테나르디에 부부다. 이들은 코제트를 맡아 기르면서 장 발장의 돈을 끊임없이 착취하고, 타인의 고통을 이용해 자신들의 배를 채우려 한다.

이들의 '부의 비결'은 오직 범죄와 속임수에 기반한다. 그들에게 재물은 사리사욕과 타인에 대한 압제를 위한 수단일 뿐, 어떤 윤리적 책임도 결여되어 있다. 위고는 테나르디에 부부의 끊임없는 악행과 최종적인 몰락을 통해, 착취를 통해 쌓은 부는 결코 지속될 수 없으며, 결국 개인과 사회를 모두 파멸시킨다는 준엄한 경고를 보낸다.

- 비움과 자선으로 쌓은 '진정한 부'

이 모든 비극적 운명의 교차점에는 미리엘 주교가 있다. 그는 자신의 집에서 가장 좋은 방을 병원 환자들에게 내어주고, 자신의 수입 대부분을 자선에 사용하는, 거의 빈곤에 가까운 삶을 산다. 그는 물질적인 부를 의도적으로 포기하고 '도덕적 부'를 쌓는 인물이다. 주교가 장 발장에게 "이 은(촛대)으로 정직한 사람이 되겠다 약속하라"라고 했을 때, 그는 재물이 영혼을 구원하는 도덕적 책임과 결합되어야 함을 일깨워 준다. 주교의 삶은 진정한 부가 소유가 아닌, 자비와 희생에 있음을 보여주는 가장 고귀한 예시였다.

『레 미제라블』은 우리에게 묻는다. 당신의 '부의 비결'은 정직한 노동과 혁신으로 부를 얻는 장 발장의 길인가, 아니면 착취와 범죄로 얼룩진 테나르디에 부부의 길인가? 위고는 미리엘 주교의 가르침을 따라, 재물을 얻는 것만큼이나 그것을 어떻게 사용하는지에 대한 도덕적 책임을 다할 때 비로소 개인과 사회 모두에게 구원의 길이 열린다고 역설한다.

보리스 파스테르나크의 『닥터 지바고』

보리스 파스테르나크의 소설 『닥터 지바고(Doctor Zhivago)』는 20세기 초 러시아 혁명과 내전이라는 격변의 시대를 배경으로 하며, 개인의 재산과 부(富)가 얼마나 허무하게 몰락하는지를 보여준다. 이 소설에서 '부자 되는 법'은 '혁명이 모든 것을 파괴하는 법'에 대한 반면교사로 작용한다.

- 돈(물질적 재산)뿐만 아니라 기술, 학력, 전문성까지도 혁명적 이념 앞에서는 무가치해지거나 오히려 위협 요소가 될 수 있다.

52

'부(富)'는 환상이었다

20세기 초, 러시아를 뒤흔든 혁명의 폭풍우 속에서 보리스 파스테르나크의 소설 『닥터 지바고』는 개인의 부(富)와 삶이 얼마나 무력하게 파괴되는지를 처절하게 그려낸다. 이 작품에서 '부의 비결'은 '혁명이 모든 것을 파괴하는 법'에 대한 가장 비극적인 반면교사로 작용한다.

- 운명 때문에 무너진 재산

주인공 유리 지바고는 원래 시베리아의 부유한 사업가 집안 출신이었다. 하지만 그의 어린 시절은 이미 부의 허무한 상실로 시작된다. 아버지가 일찍 세상을 떠나고, 어머니마저 병으로 사망하면서 유리는 고아가 되고, 가문의 재산은 무능한 관리 속에 뿔뿔이 흩어진다. 이 초기 상실은 혁명 이전에도 개인의 부가 운명적인 사건과 무능한 관리 앞에 얼마나 쉽게 붕괴될 수 있는지를 보여준다. 이후의 혁명은 이 개인적 상실을 넘어, 부의 기반 자체를 국가가 완전히 파괴하는 단계로 이어진다.

- 대저택의 비극, '구획 정리'된 사유재산

제1차 세계 대전 참전 후 모스크바로 돌아온 지바고가 목격한 광경은 충격적이었다. 그의 가족이 살던 대저택은 볼셰비키 정부에 의해 '구획 정리(partitioned)'되어 이미 13가구가 나누어 사는 공동 주택으로 변해버린 것이다. 지바고 가족은 겨우 숨 쉴 공간만 배정받아 극심한 빈곤 속에 살게 된다. 이 사건은 사유 재산 몰수라는 혁명 정부의 원칙이 가장 적나라하게 드러나는 순간이다. 부르주아 계층의 상징이었던 '집(House)'은 더 이상 개인의 소유물이 아니며, 이로 인해 지바고 가족의 풍요로웠던 삶은 완전히 파괴된다. 혁명의 시대에는 '부'는 무효이며, 자신이 가진 모든 것이 순식간에 국가의 소유가 될 수 있음을 보여주는 섬뜩한 현실이었다.

- 지식의 무력화, 지바고의 절망

유리 지바고는 의사이자 시인으로서, 혁명 이전 사회에서는 그의 전문성과 지적 능력(무형적 자산)이 명예와 안정을 가져다주었다. 그러나 혁명 후, 그의 전문성은 생계를 유지하는 것조차 불가능하게 만든다. 그의 시는 반공산주의적이라고 의심받고 감시당하며, 그는 결국 모스크바를 떠나 피신해야 하는 처지가 된다. 이 일화는 돈(물질적 재산)뿐만 아니라 기술, 학력, 전문성까지도 혁명적 이념 앞에서는 무가치해지거나 오히려 위협 요소가 될 수 있음을 보여준다. '닥터(Doctor)'라는 전문 직업의 명칭이 무색하게, 지바고는 걷잡을 수 없는 시대의 흐름 속에서 자신의 지적 자산을 활용하지 못하고, 궁핍과 절망 속에서 비참한 최후를 맞이한다.

『닥터 지바고』는 우리에게 재산의 축적 방법을 가르치지 않는다. 대신, 인간의 삶을 지탱하는 모든 부(富) ― 물질, 지식, 사랑 ― 가 폭력적인 이념 앞에서는 얼마나 덧없이 파괴될 수 있는지를 보여주는 비극적인 증언이다. 혁명의 시대에 '부의 비결'은 존재하지 않았다. 오직 파괴와 상실만이 남았을 뿐이다.

너새니얼 호손의 『주홍글씨』

너새니얼 호손의 『주홍글씨』는 17세기 뉴잉글랜드 청교도 사회를 배경으로 하며, '부자 되는 법'에 대해 직접적으로 논하기보다는 종교적 위선, 죄와 속죄, 그리고 물질적 삶의 아이러니를 통해 그 주제를 역설적으로 다룬다. 이 소설에서 물질적인 성공은 도덕적 실패와 밀접하게 연결되어 나타난다.

– 물질적 성공과 명예가 아무리 화려할지라도, 그것이 죄와 위선, 그리고 복수심 위에 세워진 것이라면 그 영혼은 결코 풍요로울 수 없다.

죄악 위에 수놓은 황금

17세기 뉴잉글랜드의 청교도 마을. 겉으로는 경건했지만, 속으로는 차가운 위선이 지배하던 사회였다. 너새니얼 호손의 『주홍글씨』는 '부의 비결'을 직접 가르쳐 주진 않는다. 대신, 물질적인 성공이 어떻게 도덕적 실패, 죄, 그리고 위선과 얽혀 영혼을 가난하게 만드는지를 보여주는 역설적인 교훈서이다.

- 죄의 상징으로 벌어들인 '생존의 부'

간통의 죄를 지은 헤스터 프린은 가슴에 주홍색 글자 'A(Adultery)'를 달고 사회적으로 철저히 고립된다. 하지만 아이러니하게도, 그녀의 뛰어난 바느질 솜씨는 그녀에게 생계 수단이자 물질적 독립을 가져다준다. 주지사의 의복부터 아기의 세례복까지, 마을 사람들은 그녀의 정교한 솜씨에 의지하게 된다. 그녀의 '부의 비결'은 멸시받는 처지 속에서 오직 성실한 노동과 기술에 있었다. 아이러니는 여기에 있다. 그녀를 외톨이로 만든 '죄의 상징'이 바로 그녀에게 물질적 부를 안겨준 것이다. 그녀의 성공은 속죄의 대가가 아닌, 죄의 굴레 속에서 끈기 있게 생존하려 했던 고독한 투쟁의 결과였다.

- 복수심으로 가득 찬 '지식의 부'

헤스터의 남편 치링워스는 뛰어난 의학 지식과 학식을 무기로 뉴잉글랜드 사회에서 신뢰와 안정된 경제적 위치를 확보한다. 당시 의학적 지식이 부족했던 청교도 사회에서 그의 능력은 곧 '부'였다. 그러나 치링워스는 이 지식의 부를 선행이 아닌, 복수를 위해 사용한다. 그는 아내의 간통 상대인 딤즈데일 목사의 비밀을 파헤치고, 마치 영혼의 의사처럼 접근하여 그를 정신적으로 고문한다. 그의 '부의 비결'은 지식을 무기로 사회적 지위를 얻는 것에 있었지만, 그 내면은 도덕적 부패와 악마적인 복수심으로 가득 차 있었다. 그의 물질적 안락함은 곧 타인의 고통 위에서 피어난 독이었다.

- 위선 위에 세워진 '명예의 부'

 헤스터의 연인인 딤즈데일 목사는 자신의 죄를 숨긴 채 마을에서 가장 존경받는 '성인'으로 남아 있다. 그의 죄의식과 고통은 역설적으로 그의 설교를 더욱 열정적이고 감동적으로 만들었고, 이는 그에게 강력한 사회적 영향력과 명예라는 '부'를 가져다주었다. 그의 '부'는 철저한 위선 위에 세워진 것이다. 그는 종교적 권위를 등에 업고 군중의 존경과 사랑이라는 정신적 부를 누렸지만, 내면은 숨겨진 죄로 인한 고통이라는 가장 큰 정신적 '가난'에 시달리고 있었다. 호손은 이 극명한 대비를 통해, 외적인 도덕성에만 가치를 두는 청교도 사회의 부패한 위선을 비판한다.

 『주홍글씨』가 던지는 메시지는 명확하다. 물질적 성공과 명예가 아무리 화려할지라도, 그것이 죄와 위선, 그리고 복수심 위에 세워진 것이라면 그 영혼은 결코 풍요로울 수 없다. 진정한 '부'는 외부의 인정이나 재산이 아니라, 도덕적 용기와 속죄를 통한 영혼의 정직함에서 비롯된다는 호손의 역설은 오늘날에도 찡한 울림을 준다.